Hitchcocks Krimikabinett

Das verborgene Grab

Hitchcocks Krimikabinett

Das verborgene Grab

Franckh'sche Verlagshandlung
Stuttgart

Aus dem Amerikanischen übertragen von Leonore Puschert, außer der Erzählung »Das Verschwinden Mister Davenheims« von Agatha Christie, deren deutsche Übersetzung mit freundlicher Genehmigung des Scherz Verlages, Bern-München-Wien, aufgenommen wurde.
Titel der Originalausgabe, aus der die Geschichten entnommen wurden: »Alfred Hitchcock's Daring Detectives«
Random House, Inc., New York, ISBN 0-394-81490-2
Für die amerikanische Auswahl:

Der Verlag dankt Random House sowie folgenden Verlagen, Agenturen und Autoren für die Erteilung der Rechte: der Agence Hoffmann, München, für »The Grave Grass Quivers« von MacKinlay Kantor; der Agentur Linder AG, Zürich, für »Through a Dead Man's Eye« von Cornell Woolrich und für »The Adventure of the Seven Black Cats« von Ellery Queen; dem Scherz Verlag, Bern-München-Wien, für »The Disappearance of Mr. Davenheim« von Agatha Christie; Arkham House Publishers, Sauk City/Wisc., für »Adventure of the Grice-Paterson Curse« von August Derleth; Leslie Charteris, Corfield/Surrey, Großbritannien, für seine Geschichte »The Wicked Cousin«.

Schutzumschlag von Aiga Rasch

CIP-Kurztitelaufnahme der Deutschen Bibliothek

Das verborgene Grab / [aus d. Amerikan. übertr. von Leonore Puschert]. – 2. Aufl. – Stuttgart : Franckh, 1981.
(Hitchcocks Krimikabinett)
Einheitssacht.: Alfred Hitchcock's daring detectives ⟨dt.⟩
ISBN 3-440-04900-0

NE: EST

2. Auflage/21.–45.Tausend
Franckh'sche Verlagshandlung, W. Keller & Co., Stuttgart/1981

ISBN 3-440-04900-0/L 9sp H bs
Printed in Czechoslovakia/Imprimé en Tchécoslovaquie
Satz: Bauer & Bökeler Filmsatz KG, Denkendorf
Herstellung: Artia, Prag

Hitchcocks Krimikabinett

Das verborgene Grab

Vorwort

Willkommen, verehrte Leserschaft! Wer die Geschichtenbände aus meinem »Gruselkabinett« kennt, der weiß, daß ich mich mit jeder dieser Sammlungen auf ein spezielles literarisches Gebiet begeben habe, um dort anregende, aufregende, ja haarsträubende Lektüre auszuwählen.
So wagte ich mich bereits zu Geistern und Hexen, in die Welt mehr oder weniger schauriger übersinnlicher Phänomene. Ich zog meine Leser in den dunklen Bann der Spionage und Gegenspionage, wie sie aus unserem Diesseits nicht mehr wegzudenken sind. Für die Freunde des Rätselhaften und Abenteuerlichen suchte ich aus der Literatur meine Lieblingsgeschichten zusammen. Kurzum, wir sind gemeinsam schon in allerlei Regionen von fremdartigem, farbigem Reiz vorgedrungen.
Diesmal aber stehen wir unbeirrt auf der Seite des Gesetzes. Hier ist eine Auswahl von Detektiverzählungen, die ich ganz besonders schätze. Etlichen genialen Detektiven der angelsächsischen Literatur werden wir über die Schulter schauen, um dem Übeltäter das Handwerk zu legen und der guten Sache zum Sieg zu verhelfen. Wir werden versteckte Fährten aufspüren, lockenden Geheimnissen auf den Grund gehen und Rätsel entschlüsseln, die auf den ersten Blick unlösbar erscheinen.
Ellery Queen ist mit von der Partie, und Hercule Poirot mit seinen kleinen grauen Zellen. Simon Templar läßt grüßen, ein Robin Hood in der Welt des Verbrechens, der sich unverfroren seinen streng am Buchstaben des Gesetzes haftenden Kollegen zugesellt. Cornell Woolrich und MacKinlay Kantor berichten in meisterlichem Stil von echten Amateur- und Zufallsdetektiven. Und als be-

sondere Dreingabe habe ich noch einen Könner seines Fachs mit aufgenommen, der eigenartig vertraut anmutet, obschon sein Name nicht geläufig klingt. Ja, wer ist nun jener Solar Pons, hier auf den Spuren des Verhängnisses über der Sippe Grice-Paterson, und wer ist Dr. Parker, sein Gefährte? Sie sind doch gewiß nicht identisch mit . . . Nein, nein, es handelt sich nicht etwa um das klassische Vorbild aller Detektive und dessen Mediziner-Freund unter täuschender Maske. Es sind die literarischen Geschöpfe des August Derleth, der mit ihnen aus liebe- und ehrfurchtsvoller Bewunderung eine bekannte und beliebte Tradition für Freunde der Detektiverzählung fortführt.
Ich glaube, meine Leser werden die hier gesammelten Geschichten ebenso eindrucksvoll und fesselnd finden wie all die anderen, die ich ihnen schon vorgestellt habe. Nun aber: Halali, die Jagd ist auf! Bitte umblättern, und wir sind dabei.

Alfred Hitchcock

Das verborgene Grab

MacKinlay Kantor

Wir waren allein, dort draußen in der milden Frühlingssonne. Keiner störte uns. Wir gruben schweigend, behutsam.

Die klebrige schwarze Erde kam mit jedem Spatenstich herauf – feucht und lebendig, satter Prärieboden. Wir waren seit zehn Minuten beim Graben, da stieß meine Schaufel auf etwas, und es knackte.

Danach dauerte es nicht mehr lange, und wir brachten Dinge zum Vorschein. »Ermordet«, sagte Doc nur, und dann redete er nicht mehr.

Angefangen hatte es in Doc Martindales Praxis, die er demnächst bei seinem Eintritt in den Ruhestand auf mich übertragen würde, an einem kühlen Frühlingsnachmittag des Jahres 1921.

»Wie geht's denn so?« fragte Doc.

»Dürfte reichlich fade werden, das Leben hier«, sagte ich in kindlicher Einfalt.

»Nicht viel Aufregendes«, bestätigte Doc. Er ging zur Tür und hob ein Exemplar des *Cottonwood Herald* auf, das ein Junge gerade übers Treppengeländer geworfen hatte ... »Nein, große Neuigkeiten gibt's bei uns nicht oft, wirklich nicht. Hier haben wir so eine typische Sensationsmeldung für Cottonwood.«

Es war ein Bericht über die Pläne zum Tag des Baumes. Die Schulkinder würden etliche Bäume pflanzen, zum Gedächtnis an die Söhne der Stadt, die im Weltkrieg gefallen waren.

> » ... und sich für Ulmen entschieden. Die Bäume sollen auf dem Landbesitz von Louis Wilson am Coon River gepflanzt werden. Mr. Wilson hat sich bereit erklärt, der Stadt für diesen Zweck ein kleines Grundstück zu stiften.

Zweifellos wird dieser Hain, von dessen Standort auf einem Berg hoch über dem Fluß sich ein majestätischer Ausblick auf unsere Stadt bietet, eine würdige Gedenkstätte sein.
Der Festakt wird um zwei Uhr nachmittags stattfinden, und die Einwohnerschaft wird zu reger Beteiligung aufgefordert. Pastor J. Medley Williams von der Baptistengemeinde wird eine Ansprache . . .«

Doc zupfte sich an seinem grauen Bart und lachte. »Die paar Bürgerversammlungen, ein Gemeindefest, dann und wann ein Brand oder ein Verkehrsunfall! Alle Schaltjahre einmal eine Ehescheidung. Und das Leben kommt – und geht – ohne viel Aufhebens.«

Da mußte ich auch lachen. »Ich bin doch recht dämlich. Freilich sind das für die meisten Menschen die wichtigsten Ereignisse. Aber hin und wieder möchte ich schon gern zu einem richtig schönen, aufregenden Mordfall gerufen werden!«

Doc schwieg einen Augenblick. Er schien gründlich zu überlegen, als hätte er meine Äußerung ernst genommen. »Mordfälle«, sagte er nach einer Weile. »Einmal vor dem Krieg hat ein mexikanischer Bahnarbeiter seine Frau erstochen. Und vorher, im Jahre 1896, hat ein geistesgestörter Bauer einen Nachbarn erschossen. Aber wenn ich so nachdenke, sind das die einzigen Mordfälle hier in all den Jahren, seit ich meine Praxis habe.« Es schien ihm großen Eindruck zu machen. »Denken Sie mal – nur zwei Morde seit 1861.«

»Und wer«, erkundigte ich mich beiläufig, »wurde 1861 ermordet?«

Er zupfte wieder an seinem Bart und räusperte sich. »Nun«, sagte er bedächtig, »das waren mein Vater und mein Bruder.«

»Oh.« Ich wußte ja kaum, was ich dazu sagen sollte. »Das tut mir leid, Doctor, ich –«

»Nicht zu ändern.« Er zuckte die Achseln. »Es ist lange her. Ich war damals noch ein Junge.«

Meine Neugier war erwacht. »Wie hat sich das zugetragen, Doctor? Das heißt, wenn es Ihnen –«

»Oh, es macht mir nichts aus . . . Setzen Sie sich, und nur keine

Bange.« Er suchte in seiner Tasche nach Streichhölzern, und seine dicke braune Zigarre hatte den Raum schon minutenlang eingenebelt, als er endlich begann.
»Mein Bruder Titus – er war viel älter – war uns als Junge durchgebrannt und mit irgendwelchen Leuten in den Westen gegangen. Er kam erst im Frühjahr einundsechzig zurück. Wie der heimkam, das war ein Tag!«
Er lachte sein kurzes, trockenes Lachen.
»Titus war zu Geld gekommen. Er hatte ungefähr siebentausend Dollar in Gold mitgebracht. Vater und Titus beschlossen, das Gold nach Hamilton zu bringen. Dort hatte eine Bank neu aufgemacht, und die beiden wollten es nicht riskieren, so viel Geld im Haus zu behalten.
Sie waren auch sehr vorsichtig und erzählten hier im Ort nicht viel davon, was sie vorhatten. Sie fuhren bei Nacht los, weil sie noch vor Tagesanbruch weit weg von Cottonwood und von den Siedlern, die sie kannten, sein wollten. Vater und Titus waren große stämmige Männer. Sie sahen sehr stark aus, wie sie da auf der Planke thronten, die sie über die Kiste auf dem Pritschenwagen gelegt hatten, und Titus hatte einen Marinerevolver an der Hüfte, und eine Sharps-Flinte lag über seinen Knien.«
Doc Martindale rutschte mit seinem dicken, schwerfälligen Körper auf dem alten Drehstuhl in eine andere Stellung. »Und das«, sagte er, »war das letzte Mal, daß wir sie gesehen haben.
Am Abend des zweiten Tages, nachdem unsere Männer weggefahren waren«, fuhr Dr. Martindale fort, »kam ein Bauer aus dem benachbarten Salt Creek zu unserem Haus geritten und sagte, er hätte unser Gespann unten in einem Weidengehölz beim Little-Hell-Sumpf gesehen, angeschirrt vor einem Wagen, und die Männer seien nicht beim Wagen gewesen. Die Pferde waren mühsam umhergezogen und hatten versucht, nach Hause zu finden, aber dann hatten sie sich in den Weiden verfangen.«
Der alte Doc schwieg ein paar Minuten.
»Das war eine schreckliche Nacht«, sagte er. »Als wir alle zum Little-Hell-Sumpf hinunterkamen – die meisten unserer Nach-

barn waren auch dabei –, fanden wir die Pferde in den Weiden, ganz schmutzig und ausgehungert, und im Geschirr hatten sie sich verheddert.
Von dem Zeug im Wagen war nichts weggekommen, bis auf das Gold natürlich. Die Decken waren noch da und Titus' Flinte, aber seinen Marinerevolver fanden wir nirgends. Auch sonst fehlte jede Spur von Vater und Titus.
Ich fuhr Mutter und die Mädchen in unserem Wagen nach Haus. Mutter saß neben mir auf der Planke, steif und feierlich. Einmal sagte sie: ›Georgie, wenn sie nie mehr wiederkommen, dann mußt du mit dem Mann abrechnen, der das getan hat. Nicht wahr, das tust du?‹ Ich fing natürlich an zu weinen. Ich sagte: ›Ja, Mama. Ich will immer für dich sorgen, Mama . . . Aber wenn sie tot sind, dann war es nicht *ein* Mann, der sie umgebracht hat. Das waren mehrere Männer. Einer allein wäre schon mit Titus nicht fertig geworden.‹«
Doc war in die immer dichter gerinnenden Schatten im Sprechzimmer eingetaucht. Sein Gesicht konnte ich schon nicht mehr erkennen.
»Später kam ich noch öfter mit den Männern hin. Wir suchten den Flußlauf ab, die Berge und Täler um Cottonwood, bis weit herunter zur Gabelung bei East Fork. Gefunden haben wir nie etwas.
In dem Wagen gab es eine einzige Spur – eines nur, das uns sicher sein ließ, daß sie tot waren. Es war ein kleiner Fleck von eingetrocknetem Blut auf dem Wagenboden, gleich hinter dem Sitz. Ungefähr halb so groß wie Ihre Hand. Wenn sie auf dem Wagen erschossen worden wären, hätte es doch mehr Blut gegeben. Und dann die Pferde, sie waren noch ganz jung und hätten sich wohl losgerissen und wären durchgegangen, wenn es eine Schießerei gegeben hätte.
Man hat seither allgemein angenommen, daß die Mörder die Leichen in den Fluß geworfen hatten. Aber mir selbst ging die Vorstellung nicht aus dem Sinn, daß Titus und Vater auf irgendeine rätselhafte Art getötet und ihre Leichen vergraben worden waren.

Jedenfalls suchte die ganze Gemeinde eine Woche lang und gab es dann auf. Nie wurde eine weitere Spur gefunden, und nie kam sonst irgendein Hinweis ans Licht.
Ich selbst gab die Suche noch monatelang nicht auf. Eli Goble half mir dabei, er schuftete wie besessen. Aber wir konnten nichts entdecken.«
Ich fragte: »Wer war Eli Goble?«
Docs Schuhe scharrten dumpf über den Fußboden. »Wenn ich mich nicht irre, haben Sie gegen Mittag einen Scheck eingelöst. Na, wo sind Sie dazu hingegangen?«
Recht verdutzt sagte ich: »Zur Bank gegenüber.«
»Also, das ist Eli Goble. Und wo wohnen Sie zur Zeit, bis Sie das passende Quartier gefunden haben?«
»Im – Ah, natürlich, Doctor. Hotel Goble.«
Er lachte leise. »Alles in dieser Stadt heißt Goble, junger Mann. Er kam 1859 mit einem Mann namens Goble hierher, aber Elis richtiger Name ist das nicht. Er hatte gehört, daß seine Familie aus Ohio stammte, wußte aber nichts über sie. Seine Angehörigen waren nämlich in dem Massaker bei Mint Valley um 1840 umgebracht worden, und ihn hatten die Indianer entführt. Lebte bei den Sioux, bis er sechzehn war – konnte auch ihre Sprache sprechen, wie ein Eingeborener. Tatsächlich glaubten viele Leute, er sei ein Halbblut. Aber das war er nicht. Und während der Suchaktion dachte er, all die Erfahrung im Spurenlesen, die er bei den Indianern mitbekommen hatte, könnte irgendwie nützen. Aber auch das brachte nichts ein. Wir fanden nichts.«
Ich sagte bedächtig: »Und jetzt ist er reich?«
Doc seufzte und tastete nach dem Lichtschalter. »Sie verdächtigen wohl Eli Goble, wie?« Er lachte. »Darauf ist bestimmt noch keiner gekommen. Noch jahrelang besaß er nicht einen Cent. Ein paar Monate danach meldete er sich zur Armee, diente den ganzen Krieg über und kam erst 1867 wieder hierher. Mittlerweile hatte er über jemand, den er bei der Armee kennengelernt hatte, nach seiner Familie geforscht. Und schließlich hatte er Erfolg. Fand tatsächlich die Spur seiner Angehörigen, da hinten in Ohio.

Er machte zu Geld, was ihm dadurch zufiel, brachte es hier heraus nach Cottonwood, investierte es planvoll und machte Profit. Den Namen Goble behielt er aus Bequemlichkeit bei. Jetzt ist er fast neunzig, aber er ist einer von den ganz Reichen im Staat, und ein ganz großer Geizkragen dazu. Bis der sich mal von einem Fünfcentstück trennt, das ist der reinste Kuhhandel.«

Die große gelbe Deckenlampe flammte auf. Sie strahlte auf den weiß emaillierten Tisch herunter, auf die blanken Schränke und Instrumente, den alten Schreibtisch und die Reihen von Büchern. Da stand Doc Martindale mitten in seinem Sprechzimmer und nickte mit dem Kopf. »So, das war die Geschichte, mein Junge. Ein Rätsel, wie es das Leben so schreibt, in diesem Frühjahr genau sechzig Jahre her . . .«

Wir setzten gerade unsere Hüte auf, und Doc mühte sich in seinen alten braunen Regenmantel, als das Telefon klingelte. Martindale nahm den Hörer ab. »Hier Doctor Martindale.«

»Oh«, sagte er nach einem Augenblick. »Gut.« Und dann zwinkerte er mir blitzschnell über dem Telefon zu. »Haben Sie das Anregungsmittel eingenommen, das ich Ihnen das vorige Mal gegeben habe? . . . Ja. Ich wollte gerade weg aus der Praxis, ich schaue dann auf dem Heimweg bei Ihnen herein. Ja.«

Er legte den Hörer auf. »Wenn man vom Teufel spricht«, sagte er. »Eli Goble hatte gerade wieder einmal eine Herzattacke. Kein Grund zur Aufregung. Das tritt bei ihm häufig auf, aber zwischendurch ist er ganz fidel. Wir sehen kurz nach ihm.«

Das Haus Goble war nur ein paar Minuten Fahrt vom Stadtzentrum entfernt. Lichtschein fiel aus den meisten Fenstern, als wir auf den Gehsteig traten. »Man merkt, daß Eli daliegt und kein Glied mehr rührt«, sagte Doc. »Wenn er auf wäre, dürfte beileibe nicht all der Strom verbraucht werden.«

Der alte Mann blickte uns aus seinem Kissen an, mit rotgeränderten schwarzen Augen, die unter dem schimmelüberhauchten Gestrüpp der Brauen tief eingebettet lagen . . . Sein Atem ging schwer.

»So, Eli. Wie fühlen Sie sich? Das ist Dr. Patterson, Eli.«

Der alte Mann starrte mich an, brütend, wie mir schien.

»Fühle mich – nicht so – wohl«, stammelte Goble mit Mühe. »Das invalide Herz tut – langsam – nicht mehr mit.«
Martindale öffnete seine Tasche. »Ach, das ist nichts Schlimmes, Eli. Das bekommen wir auch wieder hin.« Er nahm eine flüchtige Untersuchung vor. »Bald werden Sie sich besser fühlen, Eli. Jetzt schlafen Sie tüchtig.«
Der alte Mann murmelte und hustete, und wir gingen im spärlich beleuchteten Treppenhaus hinunter, durch die düstere, mit Zierat überladene Diele, und zur Haustür hinaus.
Es war am folgenden Nachmittag um vier, als Doc Martindale und ich nach einer Runde Hausbesuche, die sich über das ganze Stadtgebiet erstreckte, in die Praxis kamen. Außer ein paar eiligen Rückmeldungen bei dem Mädchen, das Doc Martindale über Mittag in der Praxis beschäftigte, hatten wir seit zehn Uhr morgens mit Cottonwood keine Verbindung mehr gehabt.
Als wir in Docs altem Tourenwagen zurückkamen, fanden wir den *Cottonwood Herald* auf dem Tisch entfaltet, und eine Menge Druckerschwärze zierte gleich die erste Seite.

ELI GOBLE SCHENKT DER STADT EINEN PARK
Ortsansässiger Geschäftsmann aus den Gründerjahren der Stadt entscheidet neu über Gedenkstätte
Pläne für morgige Einweihung geändert
In einer außerordentlichen Stadtratssitzung am heutigen Nachmittag wurde einstimmig beschlossen, das Angebot von Eli Goble anzunehmen. Goble, angesehener Bürgerkriegsveteran und einer der ersten Siedler in Cottonwood, hat heute der Gemeinde etwa dreißig Morgen herrliches Waldgelände als Schenkung angetragen, den künftigen »Goble-Gedächtnispark«. Wie bekannt wurde, war Mr. Goble längere Zeit krank und konnte seine Pläne erst jetzt vorlegen.
Der »große alte Mann von Crockett County« machte bei der Schenkung lediglich zur Bedingung, daß der vorgesehene Gedächtnishain nunmehr in dem neuen Parkgelände angepflanzt werden soll. Das erforderte eine rasche Umdisposition. Statt

auf der Anhöhe im Norden der Stadt, auf dem Gelände von Louis Wilson über dem Coon River, werden die Bäume jetzt auf dem Berg im Osten gepflanzt, der zu den dreißig Morgen Land aus der Schenkung von Mr. Goble gehört.
Eine große Parade, die sich auf dem Rathausplatz formiert und über die Ostbrücke zu dem neuen Park führt, wird die Feierlichkeiten zum Tag des Baumes morgen nachmittag um zwei Uhr einleiten. Auf Anregung von Pastor J. Medley Williams wird die Stadtkapelle von Cottonwood –

Wir standen Seite an Seite, die Hände auf die Tischplatte gestützt, und lasen den Zeitungsartikel.
Doc klopfte mit dem Zeigefinger auf das Blatt. »Ich mache jede Wette«, erklärte er, »das ist das allererste, das Eli Goble in seinem ganzen Leben verschenkt hat – zumindest das erste Geschenk, bei dem für ihn nichts herausspringt. Und ich wüßte nicht, was es ihm einbringen könnte, außer Ruhm ... Ruhm läßt aber Eli völlig kalt. Da sehen Sie, Redakteur Nollins nennt ihn den ›großen alten Mann von Crockett County‹. Aber nur, weil Eli eine Hypothek auf dem Verlagsgebäude gehört.«
Zwei Patienten kamen in die Sprechstunde. Als ich eine Stunde später wegging, schaute ich mich noch einmal um und sah Doctor Martindale in seinem Drehsessel sitzen, einen müden, grobschlächtigen Riesen, erneut in den *Cottonwood Herald* vertieft.
Morgens um halb sechs hämmerte der alte Doc an meine Tür. Ich fuhr erschrocken hoch mit dem Gefühl, der Grund für solch nachdrückliches Verlangen müsse allermindestens eine Bauchfellentzündung oder eine Steißlage sein.
Er trat ins Hotelzimmer und wartete, bis ich meine Kleider übergezogen hatte. »Was gibt es denn?« fragte ich, während ich mir kaltes Wasser ins Gesicht spritzte.
»Wir gehen mal los, ein bißchen graben«, sagte er.
Ich nickte. »Blinddarmoperation? Oder was?«
»Nichts so Banales«, erwiderte Doc. Und seine Augen sahen so aus, als habe er die Nacht durchgewacht – rotgerändert und von

dunklen Ringen umgeben ... »Nein, wir werden richtig graben. Keiner wird wissen, wo wir sind. Sollte es Mrs. Gustafson einfallen, in unserer Abwesenheit das Zeitliche zu segnen, dann läßt sich daran leider nichts ändern.« Er sagte das mit scheinbarer Grausamkeit. Ich war noch zu schläfrig, um ihn nach Einzelheiten zu fragen oder mich zu wundern, worum es überhaupt ging. Aber als wir vor dem Hotel auf den Gehsteig traten und ich auf den Rücksitz von Docs Wagen schaute, lagen da zwei Spaten, eine Schaufel und eine Spitzhacke.

Ich drehte mich mit einem erstaunten Ausruf um.

»Einsteigen«, sagte Doc. Und das tat ich, ohne ein weiteres Wort. Er fuhr die Main Street entlang, dann nach Norden auf der Kowa Avenue und unter dem Burlington-Viadukt hindurch. Das Ziel schien nördlich vor der Stadt zu liegen. Zwei Minuten später brachte unser Wagen die Brücke über den Coon River in jedem Gelenk zum Rasseln und Schüttern.

»Das ist das Land von Louis Wilson«, sagte Doc. »Hm. Ich denke, hier nach der Zedernpflanzung können wir einbiegen und den Feldweg am Wald entlangfahren.«

Ganz hinten am Rand eines Maisfelds stiegen wir aus. Schaufeln und Hacke nahmen wir mit. Doc atmete rauh, aber die ungewohnte Blässe war aus seinem Gesicht gewichen ... Seine Augen waren glänzend und hellwach, fast war etwas Ungestümes in ihrem Leuchten.

Er führte mich durch einen Streifen Eichenwald, wo wir zwei mit Gestrüpp überwachsene Schluchten umgingen und dann auf einem steil abfallenden Berg herauskamen, auf dem eine einzige Eiche stand, von vielen Stürmen verkrümmt und verkrüppelt. Das Gras lag wirr unter unseren Füßen, grobe flache Halme. Urwüchsiger Prärieboden war das ... In der Ferne kreiste ein Zug Krähen mit schwachem, heiserem Gekrächze über dem Fluß.

»Das ist der Nordberg«, sagte Doc. »Dort ist die Stadt.«

Sehr hoch war dieser kahle Berg, auf dem wir jetzt standen. Weit unter uns wand sich der Coon River als flaches Band von glänzendem Braun dahin.

Das spärliche, spröde Gras auf dem Ödland der Bergkuppe war von Hunderten blasser, fliederfarbener Blumen gesprenkelt. Die Blüten standen auf kurzen, behaarten Stielen; die Blütenblätter waren von Weiß nach Violett abschattiert, und jede Blume hatte ein gelbes Herz. Ich kannte diese Pflanzen nicht.

»Die sind wunderschön«, sagte ich. »Wie heißen sie?«

»Wir nennen sie Windblumen. Osterblumen. Eine Art Küchenschelle. Hübsch, nicht? Mit die ersten, die hier im Frühjahr blühen ... So, ich werde mich wohl an die Arbeit machen.«

Doc ließ den Spaten fallen, den er getragen hatte, und bereitwillig befreite auch ich mich von der schweren Last in meinen Armen. Ich ging ein Stück weit und setzte mich, den Rücken am knorrigen Stamm der Eiche, jenes einzigen Baumes auf dem ganzen kahlen, braunen Hügel. Mir war, als brodelten Tatsachen und Feststellungen und Mutmaßungen wirr in meinem Hirn durcheinander; ich konnte mir darauf keinen Reim machen.

Vor meinen Augen benahm sich Doc Martindale äußerst sonderbar. Er schritt langsam in vagen, unbestimmten Kreisen umher, die Augen auf den Erdboden vor sich geheftet. Hin und wieder stieg er hinauf bis zum höchsten Punkt des Berges und überblickte die weite Fläche ringsum. Ich konnte mich des seltsamen Eindrucks nicht erwehren, daß Doctor George Martindale, nachdem er sich jener traurigen Geschichte aus seiner Jugend entledigt hatte, im Verlauf von zwei Tagen vorsätzlich und unwiderruflich dem Wahnsinn verfallen war.

Er steckte ein Aststückchen in die Erde, trat zur Seite, überblickte forschend die Stelle und kam wieder heran, um einige Fußbreit von dem ersten noch ein Ästchen einzustecken. Das wiederholte er noch zweimal. Nun hatte er ein unregelmäßiges Rechteck, acht oder zehn Fuß lang, an den Ecken durch Aststückchen gekennzeichnet. »Hier wollen wir es versuchen«, sagte er.

Ohne ein weiteres Wort zog er seinen Mantel aus, hob die Hacke auf und ließ die Spitze in den Boden sausen.

Ich rief: »Halt, warten Sie! Wenn uns nun drunten in der Stadt jemand hier oben sieht?«

»Die halten uns für Kühe oder Schweine«, sagte Doc.
Und, wie ich schon sagte, wir waren allein – da draußen im schwachen Sonnenlicht des frühen Morgens. Wir gruben schweigend. Keiner von uns sprach ein Wort. Nachdem Doc an der einen Seite des Rechtecks etwa zwei Fuß tief aufgegraben hatte, rückte er zur Mitte der markierten Fläche vor. Ich folgte mit der Schaufel nach. Wir hatten etwa zehn Minuten lang gegraben, als wir allmählich fündig wurden.
»Ermordet«, sagte Doc.
Ja, wir fanden sie, und wir lasen die aufgestörten Gebeine aus der fruchtbaren Erde, wo sie so lange geruht hatten. Schienbeine, Rippen . . . Fingerknöchelchen . . . die rostigen Überreste eines alten Revolvers.
Doc richtete sich auf und wandte sich mit leiser Stimme an mich. Sein Gesicht war unbewegt und angespannt, es hätte aus Gußeisen sein können. »Im Wagen finden Sie ein Laken und ein paar Kornsäcke«, sagte er. »Bitte bringen Sie das her.«
Ich war froh über diesen Anlaß, mich für ein paar Minuten zu entfernen. Als ich zurückkam, hatte Doc die meisten Knochen mit seinem Mantel zugedeckt. Die Knie seiner Hose waren dunkel und erdverkrustet; er hatte im lockeren Humus des Grabes gekauert und die kleineren Teile aufgesammelt.
»Ich brauche einen Zeugen«, sagte er kurz. »Sehen Sie sich das hier an.« Unter dem Mantel zog er den Schädel eines Menschen hervor und drehte ihn langsam vor meinen Augen. Da war ein scharfer, auffälliger Spalt, wie ihn ein Axthieb hätte verursachen können. »Der andere sieht genauso aus«, fügte er hinzu und legte den Schädel behutsam wieder hin.
Da sprach ich zum ersten Mal wieder. »Können Sie sie identifizieren?«
»Ganz leicht«, sagte er. »Da ist eine Medaille von den Freimaurern, dann der Revolver, die Messer und so weiter . . . Die Medaille ist das Wichtigste. Vaters Name ist darauf eingraviert. Keine Spur von Rost. Ich rieb sie blank und konnte die Gravur lesen.«
Einsichtig machte er erst gar nicht den Versuch, die Gebeine zu

unterscheiden und in zwei Skelette zu trennen. In den Kornsäkken gaben die Knochen sperrige Bündel ab. Wir taten bedächtig unsere Arbeit und trugen Säcke und Werkzeug zum Wagen zurück. Ich war zu betäubt von der unerbittlichen Wirklichkeit, um irgendwelche Fragen zu stellen. Wir gingen weg, und zurück blieb das unordentlich aufgegrabene schwarze Loch inmitten blühender Blumen.

In der Stadt fuhren wir zu Doc Martindales Garage hinter seinem kleinen Haus in der Omaha Street und ließen die Bündel dort zurück. Dann ging es eilig zur Praxis; zum Glück hatte weder im Wohnhaus noch in der Praxis jemand angerufen. Es war sieben Uhr vorüber, und doch hatte ich kein Verlangen nach einem Frühstück.

Doc setzte sich an seinen Schreibtisch und blätterte einen Stapel alter Briefe und Notizbücher durch. »Clell Howard wohnt in Long Beach«, murmelte er. »Irgendwo muß ich seine Adresse haben . . . Und Eph Spokesman ist bei seiner Nichte draußen in Portland. Ich muß sofort Telegramme losschicken.« Dann fiel ihm offenbar ein – geradezu befremdlich war das –, daß ich noch dastand. »Sie machen die Hausbesuche und sehen nach Mrs. Gustafson und dem Knickbruch und dem kleinen Walker; sagen Sie, ich hätte einen Notfall. Und kein Wort über die Sache.«

»Bestimmt nicht«, versprach ich.

Er sagte noch: »Und versäumen Sie auf keinen Fall die Parade. Die Aufstellung ist am Nachmittag um zwei Uhr auf dem Rathausplatz. Die werden Sie sich anschauen wollen.« Und dann machte er sich wieder ans Stöbern.

Bis halb zwei Uhr hatte ich alle bettlägerigen Patienten untersucht und mit Verbänden, Spritzen und Arzneien versorgt. Um zwei Uhr stand ich bei einer Gruppe netter, gesprächiger Einheimischer auf den Stufen des Rathauses von Cottonwood. Der Platz, ein großes Dreieck, leuchtete von den farbenfrohen Pullovern und Kleidern der Kinder, die an diesem verrückten schulfreien Nachmittag zu Hunderten da unten durcheinanderliefen, in heller Aufregung und mit schrillem Geschrei.

Zwanzig Minuten nach zwei herrschte in der Menge leichte Unruhe. Es war ein großes Aufgebot; die Pfadfinder waren dabei und die Mitglieder der Amerikanischen Legion, in unablässigem Geschiebe und Gedränge. Es war auch ein riesiger, leuchtend bunt beflaggter Lastwagen da, der den Gedächtnis-Ulmenhain fix und fertig zum Einpflanzen aufgeladen hatte. Die erdverkrusteten Wurzeln stachen unter dem scharlachroten Fahnentuch hervor wie zahllose Hexenklauen.

Alles wartete auf Eli Goble, inzwischen voller Ungeduld. Wenn ein Mann die Güte hatte, dreißig Morgen Land zu verschenken, dann konnte man zumindest von ihm erwarten, daß er zum Festakt auch anwesend war.

Es ging schon auf halb drei zu, als ein großer Cadillac um die Ecke der Tankstelle Philips glitt, und die Leute, die sich dort eingefunden hatten, fingen vereinzelt an zu klatschen. Ja, es war Eli Goble. Ich konnte die bärtige, ausgemergelte Gestalt sehen, gekrümmt auf dem Rücksitz hockend, eine Navajo-Decke über den Knien. Sein schmaläugiger Sohn, der Bankdirektor, saß am Lenkrad.

Ein glückhafter Zufall mußte mich bei der Wahl meines Standorts auf diese Stufen über der Kinderschar geleitet haben. Denn von hier aus sah ich klar und ungehindert Doc Martindale in Begleitung eines dicken rotgesichtigen Mannes, der sehr nervös wirkte, aus einem dunklen Treppenhaus auf der anderen Straßenseite heraustreten.

Ich schwang mich über die Betonbrüstung an meiner Seite und teilte mit den Schultern die verknäulte Menschheit. Ein- oder zweimal glückte mir über die Köpfe der Menge hinweg ein rascher Blick auf Doc und den rotgesichtigen Mann. Sie schritten rasch auf die Straßenecke zu, wo der Wagen der Gobles stand; der rotgesichtige Mann zog ein zusammengefaltetes Stück Papier aus der Tasche und wirkte noch nervöser als zuvor.

Wir langten gleichzeitig an der Ecke an. Ein wohlwollender Mitbürger, dem ein weißseidenes Etikett »Präsident« vom Rockaufschlag flatterte, lehnte an der Wagentür und unterhielt sich mit Eli Goble und seinem Sohn.

»Daniel«, sagte Doc Martindale.
Der Präsident drehte sich um.
»Gehen Sie die Rathaustreppe hinauf«, wies Doc ihn an, »und teilen Sie den Leuten mit, daß es Mr. Goble von seinem Hausarzt untersagt wird, an der anstrengenden Veranstaltung teilzunehmen. Dann lassen Sie die Parade losmarschieren.«
Daniel fing an zu stammeln und zu stottern.
»Los, gehen Sie«, gebot Doc energisch. Er öffnete die hintere Wagentür, und er und der rotgesichtige Mann drängten sich neben Eli auf den Rücksitz. Und dann sah Doc, daß ich dabeistand. »Sie steigen vorn ein, Dr. Patterson«, rief er, und ehe ich mich versah, saß ich neben Vincent Goble, der zu verblüfft war, um zu grüßen.
»Ich verstehe nicht«, sagte er selbstherrlich. »Sie nehmen das recht unverfroren in die Hand, Doctor Martindale. Es ist der Wunsch meines Vaters, daß –«
Docs Lippen unter dem struppigen Bart waren dünn und fest. »Sie halten den Mund, Vincent«, sagte er. Vincent Goble verschlug es die Sprache. »Fahren Sie um die Ecke auf die Queen Street, heraus aus dem Gedränge, und halten Sie am Gehsteig.«
Das Gesicht des jüngeren Mannes brannte vor Empörung, aber er kam dem Befehl nach. Der Cadillac schnurrte um die Ecke, über eine Seitengasse weg, ließ die Menge hinter sich. Einen Häuserblock weiter fuhr er an den Bordstein.
Vincent Goble und ich rissen den Kopf herum und faßten das Trio hinten im Wagen ins Auge. Eli Goble saß in der Mitte, und auf den roten Dreiecksmotiven der Navajo-Decke krampften sich seine Hände zusammen.
»Fangen Sie an, Ed«, sagte Doctor Martindale.
Der kleine rotgesichtige Mann holte wie zur Entschuldigung tief Atem und fingerte an den Kniffen des Blattes in seiner Hand herum. Dann begann er herunterzunuscheln: »Kraft meines Amtes als Sheriff von Crockett County erkläre ich Sie, Eli Goble, für verhaftet. Die Anklage lautet auf Mord an Titus Martindale und William Martindale, begangen am oder um den vierundzwanzigsten April des Jahres 1861.«

Vincent Goble fauchte. Der alte Mann saß da, regungslos bis auf die Pergamenthände, die sich in seinem Schoß ineinanderschlangen. »Ist nicht wahr«, flüsterte er mit Mühe. »Das – ist nicht wahr.«
»Ihr Feiglinge!« schrie sein Sohn. Der Bankier war aschfahl im Gesicht. »Ihr erschreckt einen alten Mann ja zu Tode mit eurem wahnwitzigen Irrglauben! Ihr seid –«
Doc Martindale sagte: »Fahren Sie zur Polizei, Vincent. Wir müssen über die Sache reden.«
»Den Teufel werd' ich! Was –«
Ed Maxon, der Sheriff, schluckte verängstigt. »Ja, Mr. Goble. Es stimmt. Muß Sie bitten, Ihren Vater zu mir aufs Revier zu bringen.«
Und so fuhren wir los. Vincent fluchte vor sich hin, Doc Martindale schwieg wie ein Grab, Ed Maxon konnte nicht stillsitzen und rieb dauernd mit feuchter Hand unter seinem Kragenrand entlang. Und Eli Goble saß da unter seiner Decke, die Augen gleichsam dunkle Höhlen, und sagte: »Das – hab' ich nicht getan. Sie werden schon sehen. Das hab' ich – nicht getan.«
»Sie hatten das Gold im Haus gesehen. Und da stand es für Sie fest –«
»Nein.«
»Sie sind ihnen nachgegangen, draußen im Osten auf der Prärie. Oder vielleicht hatten Sie ihnen dort schon aufgelauert.«
»Das hab' ich – nicht getan.«
»Hören Sie, Doctor Martindale! Falls mein Vater jetzt wieder einen Herzanfall bekommt und stirbt, während Sie ihn hier verhören –«
»Halt, Mr. Goble, Sie –«
»Ich bin Arzt, Vincent. Und Eli ist mein Patient. Ich kümmere mich schon um ihn, wenn er ohnmächtig wird ... Eli, Sie haben sie aus dem Hinterhalt getötet.«
»Niemals. War ich nicht.«
»Dann ließen Sie die Leichen im Wagen liegen und fuhren damit hinaus zum Nordberg. Es war eine lange Fahrt – muß Stunden ge-

dauert haben, dorthin zu kommen. Aber Sie dachten sich, daß nie einer da hinauf kam, und es war weit weg von den ausgefahrenen Wegen und wäre ein gutes Versteck für die Leichen.«

»Ich – ich – George, ich bin ein alter Mann. Ich –«

»Verflucht noch mal, Martindale! Sie –«

»Bleiben Sie sitzen, Vincent, und halten Sie den Mund. Ich habe heute keine Lust, meine Zeit zu vergeuden. Lassen Sie mich Ihren Puls fühlen, Eli ... Hm. Werden es wohl durchstehen. Also gut. Sie haben sie draußen auf dem Nordberg begraben. Vielleicht haben Sie den Wagen über dem Grab hin und her gefahren – ein Indianertrick. Ein Trick, den Ihnen die Sioux beigebracht haben. Und wahrscheinlich haben Sie eifrig Gras und Gestrüpp darauf gestreut.«

»Nein. *Nein.*«

»Titus hatte den Revolver noch umgeschnallt. Sie legten sie so, wie sie waren, in die Erde. Sie nahmen aus dem Wagen nichts mit außer den Beuteln aus Wildleder. Dann fuhren Sie wieder in weitem Bogen um die Stadt, durchquerten den Fluß gegenüber Salt Creek und fuhren hinüber zum Little-Hell-Sumpf. Dort überließen Sie das Gespann seinem Schicksal und setzten sich ab. Das Gold brachten Sie vermutlich irgendwo in ein Versteck.«

»Ist nicht wahr. Alles Lüge ...«

»Dann tauchten Sie unter und warteten, bis Sie bei der Suche mithelfen konnten. Sie waren schlau, Eli. Schlau wie ein Indianer ... Ausgerechnet mir halfen Sie beim Suchen. Oh, was haben wir gesucht! Wir gingen doch tatsächlich über den Nordberg. Aber wir sahen nie etwas, das wie ein Grab aussah ... Sie ließen es schön zugedeckt, Eli. Sie waren gerissen.«

»Reden Sie ... Reden Sie nicht so – ich kann das nicht –«

»Bei Gott, lassen Sie jetzt endlich meinen Vater in Ruhe!«

»Bitte, Mr. Goble. Beherrschen Sie sich. Bitte –«

»Sie schlossen messerscharf, daß siebentausend Dollar ein Vermögen sind. Na, das waren sie auch. Lohnte sich, darauf zu warten. Also meldeten Sie sich zur Armee, ließen es darauf ankommen – dafür bescheinige ich Ihnen gute Nerven, Eli – und tauch-

ten nach dem Krieg wieder auf mit dieser Geschichte, Sie hätten in Ohio Ihre Verwandten und das Familienvermögen gefunden. O ja, Sie waren schlau.«
»Ich hab's nicht getan – nie und nimmer.«
»Warum haben Sie der Stadt diesen Park geschenkt?«
»Mmmm. Ich –«
»Der *Herald* brachte den Hinweis zum Tag des Baumes vorgestern abend. Und unmittelbar darauf hatten Sie eine Herzattacke. Und am nächsten Morgen rückten Sie mit Ihrer Schenkung an die Stadt heraus. *Unter der Bedingung* ...«
»Vincent. Vincent. Sie sollen mich endlich –«
»Ich werd' euch –«
»Mann, halten Sie ihn fest!«
»Schon erledigt. Also, Mr. Goble, Sie müssen schon sitzen bleiben.«
»Seien Sie kein Narr, Vincent. Das ist die Wahrheit – die reine Wahrheit. Ich habe sechzig Jahre gebraucht, um dahinter zu kommen, aber ich habe es geschafft ... Sie schenkten der Stadt Cottonwood diesen Park, Eli Goble, *unter der Bedingung*, daß der Gedächtnishain dort errichtet wird, auf dem Ostberg statt auf dem Nordberg. Sie wollten um keinen Preis, daß auf dem Nordberg gegraben wird, stimmt's? Sie hatten einfach versäumt, Louis Wilson sein Land abzukaufen, um sicherzugehen, daß nicht irgendwann einmal dort gegraben wird.«
»Nein ... Reden Sie doch nicht so, George! ... Alt. Ich bin ein alter und –«
»Jedenfalls war es das allererste Mal, daß Sie in Ihrem Leben etwas verschenkt haben. Und das machte mich stutzig. Ich dachte: ›Warum wollte Eli nicht, daß der Gedächtnishain dort oben angepflanzt wird?‹ Und dann wurde mir die Sache allmählich klar. Heute früh war ich dort oben. Doctor Patterson war dabei – ich habe einen Zeugen für das, was ich jetzt berichten werde. Er sah mir beim Graben zu, und er sah, was ich fand. Ich habe sie gefunden, Eli.«
Vincent Goble war vornüber gesunken und grub den Kopf in die Hände. Eli saß da im großen Sessel des Sheriffs und starrte über

den Tisch weg. Es war, als schaue er geradewegs durch die gegenüberliegende Wand hindurch.
»Sie wurden ermordet, Eli. Ihre Schädel waren eingeschlagen. Ein gewaltiger, gezielter Hieb auf jeden Hinterkopf. Ich habe sie gefunden.«
Die Lippen des alten Mannes waren grau und wie Gummi. Er flüsterte: »Nein, das hab' ich nicht getan. Können nicht beweisen, daß ich's war.«
»Ein Beil oder Tomahawk, Eli. Jemand hatte einen Tomahawk geworfen – vielleicht auch zwei, ganz rasch hintereinander. Sie saßen auf dem Bock ihres Wagens, im hellen Mondlicht. Es mußte einfach gewesen sein für einen, der einen Tomahawk werfen konnte.«
Doc griff in die Brusttasche seines Rocks und zog drei zusammengefaltete gelbe Blätter heraus. »Ich lese das Ihnen allen vor«, sagte er gelassen. »Drei Telegramme. Das erste habe ich heute in aller Frühe selbst abgeschickt, an Clell Howard in Long Beach, California, und das gleiche an Ephraim Spokesman in Portland, Oregon . . . Erinnern Sie sich an diese Namen, Eli? Clell war einmal hier Bürgermeister. Und Eph Spokesman – den kannten wir alle. Hier ist mein Telegramm. ›Bitte ausführliche Kabelantwort, Empfänger bezahlt. Welcher Mann konnte vormals in Cottonwood Messer oder Tomahawk zielsicher werfen? Genaue Erinnerung wichtig, umgehende Antwort erbeten.‹
Hier ist die erste Antwort, die ankam. Sie stammt von Ephraim Spokesmans Nichte. Bekam sie ungefähr um elf Uhr. Sie können das Telegramm selbst lesen, meine Herren. Es lautet: ›Onkel Eph sehr krank, sagt aber, ein gewisser Goble, vermutlich Halbblut, konnte als einziger Tomahawk werfen. Möchte Genaues erfahren, weshalb Anfrage.‹
Und etwa viertel vor zwölf bekam ich ein Telegramm von Clell Howard. Da heißt es: ›Hallo, alter Nachbar, grüß dich. Bin fast neunzig, weiß aber noch genau, wie ich fünf Dollar verlor, weil ich wettete, Eli Goble kann Tomahawk nicht zehnmal hintereinander in großen Baum bei Halseys Schmiede schleudern.‹«

Im Raum war es ganz still außer dem Röcheln in Eli Gobles Kehle. »Nein«, flüsterte er mit bebender Stimme. »Nein.«
Doc Martindale zeigte in die hintere Ecke der staubigen alten Stube. Da stand ein Tisch, den noch keiner von uns bemerkt hatte, und auf diesem Tisch war ein weißes Tuch, zerknüllt und ausgebuchtet ... »Eli«, sagte Doc ganz ruhig. »Da drüben sind sie. In der Ecke.«
Der alte Mann erstarrte in seinem Sessel. Sein Rücken hob und krümmte sich unter heftigem Beben der Schultern; seine Klauenhände machten Anstalten, dem Tisch vor ihm – so schien es – ein Scheit Holz zu entreißen.
»Vater!« schrie sein Sohn.
Eli Goble schüttelte den Kopf und ließ sich in den Sessel zurücksinken. In die tiefliegenden Augen trat ein trüber blauer Glanz. »Die Toten«, wisperte er. »Sie haben mich gefunden ... Sie sind hier im Zimmer. Ich hab's getan. Ich hab' sie umgebracht. Titus und Bill. Ja. Ja.«
Vincent Goble brach zusammen, wühlte den Kopf in die Arme und begann zu schluchzen – gewaltiges, würgendes Schluchzen. Der Sheriff wand sich unbehaglich auf seinem Stuhl.
»George. Sie – Sie werden mich ins – Gefängnis schicken? Sie werden verlangen, daß sie mich – aufhängen? Ich bin alt ... Ich hab's getan. Ja.«
Doc Martindale räusperte sich. »Ja, Sie sind alt, Eli. Viel älter als ich. Es ist jetzt zu spät, um noch etwas zu tun. Ich versprach meiner Mutter, ich würde mit dem Mann abrechnen und – Aber ich frage mich vergeblich, was jetzt noch dabei herauskommen sollte, wenn ich Sie ins Gefängnis schicke oder erst einmal des Mordes anklage.«
Sheriff Maxon trocknete sich die Stirn. »Die Gerechtigkeit«, sagte er mit schriller Stimme, »muß ihren Gang nehmen! Eli Goble, Sie müssen –«
»Nein«, sagte der alte Doc entschlossen. »Das hier ist meine Sache, Ed. Ohne mich, ohne meine Aussage und ohne den Tathergang, den ich rekonstruiert habe, gibt es keine Verhandlung gegen

Eli. Ich werde gegen ihn keine Anklage erheben und keine Beweise liefern.«
»Aber er hat hier einen Mord gestanden!« kreischte Maxon gellend. »Er –«
Doc nickte. »Mündlich. Gut, aber wenn nun Vincent und Dr. Patterson und ich allesamt schwören, daß er eben kein Geständnis abgelegt hat? Und wenn ich das Beweismaterial vernichte?«
Maxon schüttelte den Kopf und biß sich auf die Lippen.
»Wieviel ist Ihr Vater wert?« wandte sich Doc an Vincent Goble.
Der Bankier hob das Gesicht, noch naß vom qualvollen, fassungslosen Weinen. »Paar Millionen, denke ich.«
»Gehört alles Ihnen«, flüsterte Eli.
»Mag sein.« Doc nickte. »Siebentausend Dollar. Ein ganz hübsches Startkapital, damals. Ungefähr wie fünfzigtausend heute. Oder sogar mehr ... Nein, meine Herren. Das Geld nützt mir überhaupt nichts. Es bringt Titus und meinen Vater nicht wieder. Aber es kann trotzdem Gutes ausrichten. Ja.«
Eili Gobles Augen hatten sich geschlossen wie dunkle Fenster, über die man zerschlissene Vorhänge gezogen hat. »Ich hab' sie gesehen – gesehen. Immerzu. Seit ich alt bin – kommen sie zurück ... Ich konnte nicht mehr. Ja.«
»Sie fahren jetzt nach Hause«, sagte Doc. »Ich gebe Ihnen etwas zum Einschlafen. Und wenn Sie dann ein wenig ausgeruht und wieder bei Kräften sind, dann lassen Sie einen Anwalt ins Haus kommen ... Sie werden diesem Ihrem Landkreis eine Million Dollar für den Bau und die Ausstattung einer modernen Klinik stiften, wo für jeden Mitbürger kostenlos beste medizinische und chirurgische Betreuung sichergestellt ist. Wie hört sich das an?«
Den Kopf noch immer in den Armen begraben, nickte Vincent Goble benommen. Sein Vater hatte die Augen weit offen und zitterte heftig, und sein starrer Blick drang noch immer durch die kahle Wand vor ihm. »Ja. Alles ... Ich gebe – alles her. Aber bringt mich weg. Ich möchte – nach Hause ... Ich bin alt. Ich will nicht hierbleiben, in – diesem Zimmer. Ich will nicht hierbleiben – bei ihnen.«

Nachdem Eli Goble im Bett lag und eingeschlafen war, traten Doc und ich in die feuchte Wärme des Frühlingsnachmittags hinaus. Martindale sah zehn Jahre älter aus als am Tag zuvor. »Nach alledem«, sagte er, »nachdem nun alles geregelt ist, mache ich nicht mehr weiter . . . Sie übernehmen nächsten Montag die Praxis.«

Unsere Schritte hallten hohl und geschwätzig auf dem Gehsteig wider. »Eines noch«, sagte ich. »Ich begreife einfach nicht, wie Sie die Stelle gefunden haben. Mir ist klar, wie Sie das Übrige ergründet haben – mit diesem Hain und wie Eli Goble nicht wollte, daß man die Bäume da oben einpflanzt. Aber wie konnten Sie wissen, wo Sie graben mußten? Wir hätten dort oben ganze Tage mit Umgraben zubringen können.«

Doc tastete in seiner Brusttasche nach einer Zigarre, die nicht darin war. »Windblumen«, sagte er ruhig. »Sie standen überall, auf dem ganzen Berg. Wunderschön, wie Sie selber sagten . . . Aber ich wußte genau, daß ich dort graben mußte, wo es keine Windblumen gab. Das Gras auf dem Berg sah überall ganz gleich aus, aber Blumen wuchsen an dem Platz, den ich kennzeichnete, nirgends. Diese kleinen violetten Blumen sind etwas Merkwürdiges. Sie wachsen nur dort, wo man die Erde in Ruhe läßt. Sie kommen einfach nicht wieder, wenn der Boden einmal umgegraben wurde.«

Durchs Auge eines Toten

Cornell Woolrich

Beim Tauschen muß man zusehen, daß man klein anfängt und was Ordentliches draus macht. An diesem Tag fing ich mit einer Gürtelschnalle ohne Dorn und einem geschnitzten Pfirsichkern an, und das tauschte ich bei einem Jungen, Miller heißt er, gegen eine Harmonika ein, die einer plattgetreten hatte. Die gab ich einem anderen Jungen für ein Taschenmesser, an dem eine Klinge fehlte. Eine Stunde nach dem Dunkelwerden hatte ich es dann bis zu einem Baseball mit abgewetztem Überzug gebracht, und da fand ich, daß es an diesem Nachmittag ganz gut geklappt hatte. Natürlich hätte ich da schon längst zu Hause sein müssen, aber fürs Tauschen braucht man Zeit, man muß ja dauernd auf Achse sein.

Ich machte gerade ein Geschäft mit dem kleinen Scanlon, da sah ich meinen alten Herrn kommen. Er war noch einen Häuserblock weit weg, aber er ging so schnell wie immer, wenn er sich ärgert, und es ist schwierig, beim Verhandeln einen klaren Kopf zu behalten, wenn man so unter Druck gesetzt wird. Deshalb schaffte es Scanlon wohl auch, mir eben noch rasch diesen Firlefanz anzudrehen. Es war ein altes ausgedientes Glasauge, das er bestimmt irgendwo aus dem Müll gefischt hatte.

»Mann, du spinnst ja!« schrie ich. Aber da schaute ich mich um und sah das Unheil mit Riesenschritten auf mich zukommen, also blieb mir nicht viel Zeit, um wählerisch zu sein.

Scanlon erkannte, daß er Oberwasser hatte. »Ja oder nein?« drängte er mich.

»Na schön, da hast du ihn«, knurrte ich und gab ihm den rasierten Baseball, und er gab mir das Glasauge.

Dazu reichte die Zeit gerade noch, dann holte mich das Unheil endgültig ein. Ich wurde energisch in Richtung unserer Wohnung herumgedreht und am Kragen gepackt, und dann setzte ich mich ganz schnell in Bewegung – aber höchstens zu fünfzig Prozent aus eigener Kraft. Das machte mir nichts aus, nur daß so ein alter Herr über alles und jedes herziehen muß . . . Ich begreif' das nicht.
»Hab' ich vielleicht nicht selber Sorgen genug«, sagte er, »und da muß ich jedesmal, wenn ich heimkomme, in der ganzen Nachbarschaft eine Suchaktion nach dir starten! Deine Mutter lehnt seit Stunden aus dem Fenster und ruft nach dir. Was glaubst du eigentlich, wie spät es ist?« Und all solches Zeug. Fünf Blocks weit kriegte ich das voll ab, den ganzen Weg zurück zu unserem Haus, aber ich mußte dabei immerzu daran denken, wie ich gerade hereingelegt worden war, also bekam ich das meiste gar nicht richtig mit.
In so mieser Laune hatte ich ihn noch nie gesehen. Jedenfalls nicht mehr seit dem Tag, als ich beim Konditor die Scheibe eingeschlagen hatte. Wenn er mich so wie jetzt suchen gehen mußte, und wir spielten vielleicht gerade Baseball, dann griff er sich schon mal den Schläger, und dann zwinkerte er mir zu und schnauzte mich vor Mama nur so zum Schein an, wenn wir dann heimkamen. Er sagte, er könnte sich noch gut erinnern, wie er selber zwölf war, und daran merkt man, daß er in Ordnung ist, dreiundzwanzig Jahre sind nämlich eine lange Zeit zum Erinnern, das kann ich euch sagen. Aber heute abend war es ihm ernst. Nur eins merkte ich: Er war gar nicht mal so sehr wegen mir geladen, sondern da hatte es was ganz anderes gegeben.
Wie wir mit dem Abendessen fertig waren, ging es meiner Mutter auch auf. »Frank«, sagte sie nach einer Weile, »was hast du denn für Ärger? Da ist doch was, das dir Kummer macht. Mir machst du nichts vor.«
Er zog mit dem Gabelstiel Linien auf dem Tischtuch. »Sie haben mich zurückgestuft«, sagte er.
Wie ein Idiot mußte ich mich ausgerechnet da einmischen, sonst hätte ich mehr davon zu hören bekommen. »Was heißt'n zurück-

gestuft, Papa?« sagte ich. »Ist das, wie wenn man in der Klasse nicht versetzt wird? Wie können die so was mit dir machen, Papa?«
Mama sagte: »Frankie, du gehst in dein Zimmer und machst deine Hausaufgaben!«
Gerade ehe ich die Tür zumachte, hörte ich sie noch irgendwie ängstlich fragen: »Sie haben dich wieder zur Streife abkommandiert, Frank?«
»Nein«, sagte er, »aber da hat nicht mehr viel gefehlt.«
Als sie nach einer Weile aus der Tür kamen, sahen sie beide irgendwie niedergeschlagen aus. Sie dachten nicht daran, daß ich im Zimmer war, mindestens merkten sie nicht mal, daß ich dasaß und hinter meinem Geographiebuch »Die schwarze Maske« las.
Sie sagte: »Da werden wir wohl hier wegziehen müssen.«
»Ja, am Gehalt macht es 'ne ganze Menge aus.«
Da spitzte ich die Ohren. Ich wollte nicht hier wegziehen müssen, gerade wo ich jetzt Straßenbester im Murmelspiel war.
»Das schlimmste daran ist«, sagte er, »daß ich genau weiß, die konnten in meiner Akte überhaupt nichts gegen mich finden. Aber den Letzten beißen die Hunde, das hat sogar mein Chef durchblicken lassen. Immer wenn unser Präsident seinen Rappel kriegt und aus dem Dezernat mehr Aktivität rauskitzeln will, dann machen sie irgendeinen zum Sündenbock. Ausforsten nennt er das. Und wenn einer nicht seine sechs Fälle hintereinander im Alleingang löst, gehört er eben ausgeforstet.«
»Na«, sagte sie, »vielleicht wächst Gras drüber, und nach einer Weile wirst du rehabilitiert.«
»Nein«, sagte er, »das einzige, was mich retten könnte, wäre jetzt was Spezielles, eine dicke Mordsache für mich. Wenn die Anweisung durchgeht, bin ich demnächst weg von der Mordkommission. Und welche Chance habe ich dann noch, wenn ich Schnapsleichen und Langfinger einbuchten darf? Was ich brauche, ist ein Knüller, ein richtig verzwickter Mordfall.«
Mann, dachte ich, wenn ich nur so einen wüßte und es ihm sagen könnte. Welche Chance hatte ein Junge wie ich, an einen Mord-

fall zu kommen – das heißt an einen, von dem sonst noch keiner was weiß und den er ganz für sich allein hat? Ich wußte nicht mal, wie man es anstellt, danach zu suchen, höchstens hinter Plakatwänden und in Baulücken, und da würde ich sowieso nichts finden, das war mir klar. Da findet man nur ab und zu eine tote Katze, sonst nichts.

Am nächsten Morgen wartete ich, bis Mama aus dem Zimmer ging, und dann fragte ich ihn: »Papa, wie erfährt man das eigentlich, wenn ein Mord passiert ist?«

Er hatte den Kopf nicht ganz bei der Sache. »Na, sie finden eben eine Leiche.«

»Aber wenn nun einer die Leiche irgendwo versteckt hat und keiner Bescheid weiß, wie können die dann wissen, daß ein Mord passiert ist?«

»Na, wenn jemand vermißt wird, wenn man ihn längere Zeit nicht mehr sieht, dann fangen sie mal an zu suchen.«

»Aber wenn sie nun gar nicht erfahren, daß jemand vermißt wird, weil es noch keiner gemerkt hat, wie wissen die denn dann, wo sie suchen sollen?«

»Dann geht es eben nicht. Erst müßten sie ja eine Spur oder vielleicht einen Hinweis haben. Ein Hinweis für Ermittlungen wäre zum Beispiel irgendein Ding, etwas Kleines vielleicht, das eigentlich nicht dorthin gehört, wo man es gefunden hat. Es ist schwierig, das zu erklären, Frankie, aber besser kann ich's nicht. Es könnte irgendwas Kleines sein, das jemand gehört, aber der, dem es gehört, ist weit und breit nicht zu sehen, und dann fragt man sich, warum ist der nicht da, und was soll das Ding hier, wo man es gefunden hat, statt dort, wo es hingehört.«

Gerade da kam Mama wieder herein, also sagte er: »Gib dich nicht unnötig mit solchen Sachen ab und mach deine Schularbeiten ordentlich. Dein Zeugnis war ja letztes Mal nicht großartig.« Und dann sagte er, mehr zu sich selber als zu mir: »Ein Versager in der Familie ist genug.«

Mann, das hat mir vielleicht zugesetzt, daß ich das von ihm hören mußte. Mama muß es auch gehört haben. Ich sah, wie sie ihm die

Hand auf die Schulter legte und fest runterdrückte, ohne was zu sagen.
Am Nachmittag nach der Schule ging ich mal zu dem kleinen Scanlon. Ich wollte etwas über das Auge wissen, das ich ihm am Abend zuvor abgehandelt hatte. Ich hatte ja sonst nichts, was man als »Spur« ansehen könnte, und mir ging das immer wieder durch den Kopf . . .
Ich zog das Ding heraus und schaute es mir genau an und sagte: »Was meinst du, Scanny, ob mal einer das da getragen hat? Ich meine, richtig in die Visage geklemmt?«
»Weiß ich nicht«, sagte er. »Wie es neu war, hat es sicher jemand dringehabt, schließlich werden die Dinger ja dazu gemacht.«
»Und warum hat er's dann plötzlich nicht mehr getragen, wieso hat er es fortgeworfen?«
»Na, der hat sich eben ein neues besorgt, und da konnte er das alte nicht mehr gebrauchen.«
»Blödsinn«, sagte ich, »wenn man sich mal so ein Ding zulegt, dann braucht man doch nie ein neues, außer es kriegt einen Sprung ab oder geht in die Brüche oder so was.« Und dabei konnten wir beide sehen, daß das hier keinen Sprung hatte und kein Stückchen abgesplittert war – nichts. »Mit so'nem Ding kann man ja nicht sehen, auch nicht wenn es neu ist. Man trägt es eben, damit die Leute nicht merken, daß das richtige Auge fehlt«, erklärte ich. »Also warum hätte er es auswechseln sollen, wenn es noch gut war?«
Er kratzte sich am Kopf und wußte dazu auch nichts zu sagen. Und je mehr ich darüber nachdachte, um so mehr setzte es mir zu. Ich wurde ganz aufgeregt.
»Was meinst du, könnte dem Burschen, dem es gehört, vielleicht was passiert sein?« flüsterte ich. Eigentlich wollte ich sagen: könnte der Bursche, dem es gehört, ermordet worden sein, aber das sagte ich lieber nicht, aus Angst, er würde mich auslachen. Jedenfalls konnte ich mir nicht vorstellen, wozu irgend jemand ein Glasauge klauen wollte, auch wenn der Mann umgebracht worden war, und es dann doch wegwarf.

Dabei fiel mir wieder ein, was mein alter Herr morgens gesagt hatte. Ein Hinweis für Ermittlungen ist irgendwas Kleines, das eigentlich nicht dorthin gehört, wo man es gefunden hat. Na, wenn das kein Hinweis war! Vielleicht konnte ich ihm helfen. Herauskriegen, ob da ein Mord passiert war, von dem noch keiner was ahnte, und es ihm erzählen, und dann wurde er bei denen wieder rehab- na ja, dieses Wort eben, das Mama gesagt hatte.
Aber bevor ich herausfinden konnte, wem das Ding gehörte, mußte ich wissen, wo es herstammte. Ich fragte: »Wo hast du das eigentlich gefunden, Scan?«
»Gar nirgends«, sagte er. »Wer sagt denn, daß ich's gefunden habe? Beim Tauschen hab' ich's von einem Jungen gekriegt, genau wie du hinterher von mir.«
»Und wer war der Junge?«
»Wie soll ich das wissen? Hab' ihn noch nie gesehen. So einer, der auf der anderen Seite vom Gaswerk wohnt, in der miesen Gegend da drüben.«
»Gehen wir doch mal rüber und suchen ihn. Den will ich fragen, wo *er* das Ding her hatte.«
»Dann komm«, sagte er, »den find' ich garantiert leicht wieder. Der war ein bißchen bekloppt. Und besonders gut tauschen konnte er auch nicht. Ich hab' ihn übers Ohr gehauen, genau wie dich. Deshalb mußte er auch zu seinem Vater in den Laden gehen und mir den Glotzer holen. Er hatte nämlich nichts anderes mehr.«
Da war ich doch irgendwie enttäuscht. Vielleicht nützte mir das Ding am Ende gar nichts. »Ach, da verkauft also der Vater solche Gucker in seinem Laden?«
»I wo, der bügelt Hosen.«
Da war mir wieder leichter. Vielleicht wurde ich doch noch fündig.
Als wir drüben waren, auf der anderen Seite des Gaswerks, sagte Scanny: »Da war's, da hab' ich mit ihm getauscht. Ich weiß nicht genau, wo sein Vater den Laden hat, aber es muß irgendwo hier herum sein, weil er noch nicht mal 'ne Minute brauchte, als er das Ding holen ging.« Er ging bis zur Ecke und schaute die nächste

Straße entlang, und dann sagte er: »Ich seh' ihn! Da ist er!« Und er zog den Mund in die Breite und stieß einen schrillen Pfiff aus. Gleich darauf kam ein dunkles, schmächtiges Kerlchen um die Ecke. Kaum hatte er Scanlon gesehen, da legte er los. »Gib du mir bloß das Ding zurück, das ich gestern aus'm Laden geholt hab'. Mein Vater hat mich vertrimmt, weil ich es vom Bügelbrett gemopst hab'. Er sagt, vielleicht kommt der Kunde noch mal her und fragt danach, und was soll er dem dann sagen?«

»Wo stammt das Ding her?« mischte ich mich ein. Es sollte so forsch klingen, wie ich mir das bei meinem alten Herrn vorstelle, wenn er Tatverdächtige verhört.

»Hätte mir klar sein müssen. Aus einem von den Anzügen, die zur Reinigung gebracht werden.«

»Aus 'ner Tasche?«

»Eben nicht. Es steckte im Aufschlag an einem Hosenbein. Der hing runter und mußte rangebügelt werden.«

»Im Aufschlag?« quiekte Scanlon. »Mann, da drin so'n Glasauge spazierentragen – das ist vielleicht 'n komischer Platz!«

»Er wußte ja nicht, daß es da unten drinsteckt«, sagte ich ungeduldig. »Es muß da reingekullert sein, ohne daß er's merkte, und er brachte den Anzug in die Reinigung, und da war es die ganze Zeit drin.«

»Wie soll denn das möglich sein?«

»Klar ist das möglich. Einmal war meinem Vater eine Münze runtergefallen und nicht auf dem Fußboden aufgeschlagen. Er suchte überall und konnte sie nirgends finden. Und dann, als er abends die Hose auszog, fiel sie aus dem Aufschlag. Er hatte sie den ganzen Tag mit sich rumgetragen und es nicht gemerkt.«

Darin gab mir immerhin der Schneidersjunge recht. »Klar«, sagte er, »so was kann passieren. Manchmal rutscht so ein Ding innen bis nach hinten, wo der Aufschlag festgenäht ist, und verfängt sich a. Die Leute ziehen sich ja die Hose auf ganz unterschiedliche Art aus. Das hab' ich bei uns im Geschäft beobachtet, wenn sie zur Anprobe herkommen. Wenn sie sie unten an den Beinen fassen und abstreifen, wie es die meisten machen, dann wird sie dabei umgedreht, und wenn etwas in den Aufschlag reingerutscht war, fällt es raus. Aber wenn sie die Hose einfach hinunterrutschen lassen und heraussteigen, dann bleibt das vielleicht drin, so wie das Ding hier.« Der war gar nicht dumm, der Bursche, auch wenn sein alter Herr ein Schneider war und kein Detektiv.

Ich überlegte im stillen. Es gab nur eine Möglichkeit, daß so ein Ding jemand in den Hosenaufschlag kullern konnte, ohne daß der es zu sehen kriegte, und das war ziemlich tief unten, also wenn der mit dem Glasauge platt auf dem Boden lag, dem anderen direkt vor den Füßen, und der sich über ihn beugte und ihn schüttelte oder so was. Jetzt sah es wieder so aus, als könnte ich da vielleicht doch einen Mord aufdecken und meinem alten Herrn helfen. Aber ich mußte unbedingt herausfinden, woher das Auge stammte.

Ich sagte zu dem Schneidersjungen: »Glaubst du, der Kerl, der den Anzug gebracht hat, kommt wieder her?« Wenn der tatsächlich einen umgebracht hatte, würde er sich vielleicht nicht mehr blicken lassen. Aber wenn er das nicht vorhatte, dann brauchte er doch den Anzug erst gar nicht in die Reinigung zu geben, also war es ziemlich sicher, daß er kommen würde.

»Mein Vater hat ihm den Anzug auf heute abend versprochen«, sagte er.

Ich hätte gern gewußt, ob wohl Blut dran war. Wahrscheinlich nicht, sonst hätte der Kerl den Anzug nicht in den Laden gebracht. Vielleicht war es auch eine andere Mordmethode, eine unblutige.

Ich sagte: »Können wir mal mit reinkommen und uns den Anzug anschauen?«

Wieder zog er die Schultern bis zu den Ohren hoch. »Ist doch bloß 'n Anzug«, sagte er. »Hast wohl noch nie 'nen Anzug gesehen? Na schön, wenn du ihn unbedingt sehen mußt, dann komm rein.«

Wir gingen um die Ecke in den Laden seines Vaters. Es war eine mickrige kleine Bude, unten im Kellergeschoß, wie meistens solche Läden. Sein Vater war ein mageres Männchen, nicht viel größer als ich und Scanlon. Er ließ massenhaft Dampf hochzischen, wie er mit dem heißen Bügeleisen gerade etwas bearbeitete.

»Der hier ist es«, sagte der Junge und hob den Ärmel eines grauen Anzugs an, der bei zwei oder drei anderen an einem Kleiderständer hing. An einem Hosenaufschlag war ein kleiner Zettel angesteckt: »Paulsen – 75 Cent.«
»Ist da keine Adresse dabei?« fragte ich.
»Wenn wir was abholen und anliefern, dann mit Adresse. Wenn es gebracht und hier wieder abgeholt wird, dann ohne Adresse, nur mit dem Namen.«
Genau da bekam sein Vater mit, daß wir uns an dem Anzug zu schaffen machten, und prompt reagierte er sauer und kam angelaufen und fuchtelte mit den Armen, und in einer Hand hatte er noch das heiße Bügeleisen. Sicher wollte er uns damit nicht etwa eins überziehen und hatte nur vergessen, es abzustellen, aber ich wollte es lieber nicht darauf ankommen lassen. Er brüllte: »Hände weg von den Sachen für die Reinigung, verstanden? Was habt ihr hier verloren? Raus!«
Als wir draußen vor dem Eingang zu rennen aufhörten und er sich umdrehte und wieder reinging, sagte ich zu Sammy, so hieß der Junge: »Willst du die fünf Murmeln, die ich mit habe?«
Er schaute sie sich an. Sie waren nicht so gut wie manche andere aus meinem Bestand, aber sicher waren sie besser als das, was er sonst in die Finger bekam. »Da sag' ich nicht nein«, meinte er.
»Also schön, du mußt dafür bloß eines machen. Wenn der Kunde, der den Anzug hergebracht hat, wiederkommt und ihn holen will, dann gibst du uns 'nen Tip. Wir warten vorn an der Ecke.«
»Was willst du denn von ihm?« wollte er wissen.
»Der Vater von dem ist bei der –« fing Scanlon an. Ich trat ihn gerade noch rechtzeitig gegen das Schienbein, und da hielt er die Klappe.
»Wir machen da ein Spiel«, bog ich ab. Ich traute der Sache nicht. Wenn wir es ihm sagten, dann würde er damit doch sofort zu seinem Vater laufen, und der würde es bestimmt dem Kunden sagen.
»Wird so'n Spiel sein!« sagte er verächtlich. »Na gut, wenn er kommt, dann sag' ich euch Bescheid.«
Er ging wieder in den Laden, und wir lungerten an der Ecke her-

um und warteten. Es war jetzt halb fünf. Um halb sechs war es dunkel geworden, und wir warteten immer noch. Scanlon wollte dauernd aufgeben und nach Hause gehen. »Na schön, es hält dich ja keiner hier«, sagte ich zu ihm. »Geh du nur nach Haus. Ich bleib' hier, bis der Kerl sich blicken läßt. Und wenn es die ganze Nacht dauert, das ist mir gleich. Von einem Zivilisten kann man schließlich nicht so viel Stehvermögen verlangen wie von einem Polizisten.«

»Du bist doch kein Polizist«, brummte er.

»Aber mein Vater ist einer, also bin ich praktisch auch so gut wie einer.« Das hatte gesessen, also hielt er den Mund und blieb.

Es war nur so, daß ich irgendwann zum Abendessen nach Hause mußte. Ich konnte nicht einfach wegbleiben und hier Wache stehen, da wäre eine Tracht Prügel fällig. Und bei Scanny war es natürlich dasselbe.

»Hör mal«, sagte ich, »du bleibst hier und paßt auf, ob Sammy Signal gibt. Ich lauf mal eben nach Haus und laß mir fix was zu essen geben. Dann komm ich wieder her und löse dich ab, und dann kannst du heimgehen und essen. Dann verpassen wir ihn bestimmt nicht, wenn er aufkreuzt.«

»Darfst du abends noch mal raus, wo doch keine Ferien sind?« fragte er.

»Nein, aber ich hau ab, ohne daß sie's merken. Wenn der Mann seinen Anzug holen kommt, ehe ich wieder da bin, dann geh ihm unbedingt nach und sieh zu, wo er hingeht, und dann komm wieder hierher zu mir und sag mir, wo es ist.«

Ich rannte den ganzen Weg nach Haus, und ich sagte Mama, ich müßte sofort essen. Sie sagte: »Na, wo brennt's denn?«

Ich erklärte ihr: »Also wir schreiben da morgen eine enorm wichtige Arbeit, und ich muß heut' abend noch feste büffeln.«

Sie sah mich irgendwie mißtrauisch an und faßte mir an die Stirn, ob ich auch kein Fieber hatte. »Was, *du* sorgst dich wegen einer Arbeit?« fragte sie. »Na gut, meinetwegen kannst du gleich essen. Weiß der Himmel, wo dein armer Vater steckt und wann er nach Hause kommt.«

Ich konnte es kaum erwarten, bis ich fertig war, aber ich esse sowieso immer schnell, also konnte sie eigentlich nichts merken. Dann schnappte ich mir zum Schein meine Schulbücher und sagte: »Ich werd' oben in meinem Zimmer lernen, da ist es ruhiger.« Sobald ich oben war, schloß ich die Zimmertür ab, und dann machte ich das Fenster auf und stieg ganz ohne Mühe über den alten Baum dort auf den Boden hinunter. Das hatte ich schon oft so gemacht. Ich rannte den ganzen Weg zurück bis dahin, wo Scan wartete.

»Der ist noch nicht gekommen«, sagte er.

»Na schön, dann bist jetzt du an der Reihe«, sagte ich. Eltern sind ein großes Hindernis, wenn man einen Fall bearbeitet. Das heißt, ein Detektiv sollte nicht mitten in einer wichtigen Sache zum Essen heimlaufen müssen. »Komm wieder her, sobald du fertig bist, sonst kannst du nicht weiter mitmischen«, drohte ich ihm.

Aber er schaffte es nicht. Später erfuhr ich, daß sie ihn beim Abhauen erwischt hatten.

Na, und da wartete ich eben und wartete, bis es fast zehn Uhr war. Es sah so aus, als würde der Kerl an dem Abend seinen Anzug nicht mehr holen kommen, aber solange im Laden von Sammys Vater noch Licht brannte, wollte ich nicht aufgeben. Einmal kam ein Polyp vorbei und sah mich scharf an, als fragte er sich, was ein Junge wie ich da vorhatte, so still und heimlich in einer Ecke, und ich wäre vor Scham fast in den Boden versunken, aber er sagte nur: »Na, was ist, Bürschchen?« und ging weiter.

Wie ich so dastand und hoffte, daß der Polyp nicht noch mal kommen würde, da tauchte im Dunkeln Sammy, der Junge von dem Schneider, ausgerechnet auf, als ich nicht darauf gefaßt war. »Was ist denn los mit dir, hast du mich nicht winken sehen?« sagte er. »Der Kerl ist gerade reingegangen und holt seinen Anzug ab.«

Gerade da sah ich jemand die Ladentreppe heraufkommen, mit einem zusammengelegten Anzug über dem Arm. Er bog ab und ging die Straße entlang, in die andere Richtung.

»Das ist er. Jetzt gib mir die Murmeln, wie du's gesagt hast.«

Ich zählte sie ihm in die Hand und hatte dabei immer den Rücken von diesem Kerl im Blick. Von hinten sah er nicht so aus wie einer, der sich was gefallen läßt. »Hat dein alter Herr irgendwas zu ihm gesagt von dem Auge, das aus dem Aufschlag gefallen ist?« fragte ich Sammy.
»Hat er uns danach gefragt? Also, warum es ihm dann erzählen? Wenn in Vaters Geschäft einer nicht ausdrücklich was vermißt, dann wissen wir von nichts.«
»Dann kann ich das olle Glasauge ja behalten.«
Inzwischen war der Kerl auf der Straße schon ziemlich weit weg, also ging ich los, hinter ihm her, und schenkte mir das Weitere. Ich war ein wenig bange, weil jetzt auch ein Erwachsener die Finger drin hatte und nicht nur Kinder. Wäre Scan doch zurückgekommen, dachte ich, dann hätte ich ihn jetzt hier. Aber dann fand ich, daß es vielleicht besser so war, ohne ihn. Zwei Jungen, die ihm auf den Fersen waren, würden dem Mann eher auffallen als einer allein.
Er ging immer weiter, bis wir weit drüben in einem Stadtteil anlangten, wo ich noch nie gewesen war. Ich konnte kaum mit ihm Schritt halten, er ging schnell, und er hatte längere Beine als ich. Manchmal dachte ich, ich hätte ihn aus den Augen verloren, aber der Anzug über seinem Arm half mir jedesmal, mich wieder an ihn heranzumachen. Ich glaube, ohne den hätte er mich bestimmt abgehängt.
In manchen Straßen gab es nur so alle zwei Häuserblocks eine Laterne, und zwischen den Laternen war es stockfinster. Und die Leute, die anscheinend hier wohnten, waren mir denkbar unsympathisch. Einmal stieß ich beinahe mit einem komischen dünnen Mann zusammen, der in einem Hauseingang lehnte und sich mit der Hand die Nase wischte, als hätte er Schnupfen.
Ich konnte mir nicht denken, wieso der Mann mit dem Anzug, wenn er so weit von dem Laden von Sammys Vater entfernt wohnte, den ganzen Weg hergekommen war, nur um etwas zur Reinigung zu bringen. In der Nähe mußte es doch auch solche Geschäfte geben. Ich glaube, er machte das so, damit der Schneider auf keinen Fall mitbekam, wer er war und wo er wohnte. Das sah ganz

danach aus, als müßte er sich wegen irgendwas vorsehen, oder nicht?
Schließlich wurde die Beleuchtung wieder ein wenig besser, und das war auch gut so. Mittlerweile war ich nämlich ganz außer Atem, und mein linker Schuh wollte ein ganz übles Quietschen entwickeln. Ich sah es kommen: Jetzt würde er gleich zurückschauen – er ging nämlich ein wenig langsamer, und seine Schultern setzten zu einer Drehung an. Rasch duckte ich mich hinter eine Mülltonne, die auf dem Gehsteig stand. Ein Erwachsener hätte sich dahinter nicht verstecken können, aber mir gab sie volle Deckung.
Ich zählte bis zehn, und dann spähte ich mal vor. Er ging wieder weiter, also stand ich auf und ging auch los. Bestimmt hatte er angehalten und zurückgeschaut, weil er allmählich in die Nähe seiner Wohnung kam und sichergehen wollte, daß ihm niemand nachging. Aber trotzdem war ich nicht darauf gefaßt, als er plötzlich in einen Hauseingang einbog und verschwand. Ich war noch fast einen Häuserblock hinter ihm, und ich spurtete los, um rechtzeitig hinzukommen, denn ich hatte von dort hinten nicht sehen können, welche Tür es war. Es gab da drei oder vier ganz ähnliche Eingänge.
Die Haustüren gingen alle nach innen auf, und die eine, die er gerade geöffnet hatte, war schon wieder geschlossen, also konnte ich mich nicht in den Flur schleichen und horchen, ob vielleicht die Treppe knarren würde. Unter den Briefkästen waren Namen, aber ich hatte keine Streichhölzer, und vor den Türen gab es keine Laterne, also konnte ich sie nicht lesen.
Und außerdem – wenn er so weit von zu Hause wegging, um einen Anzug reinigen zu lassen, dann hätte er für den Zettel, der an den Ärmel gesteckt wurde, auch nicht seinen richtigen Namen angegeben.
Plötzlich kam mir ein prima Einfall. Wenn er hinten im Haus wohnte, würde es nicht klappen, aber vielleicht hatte er ein Zimmer nach vorn heraus. Ich ging rückwärts über die Straße und stellte mich auf der anderen Seite hin und wartete, ob ein Fenster

hell werden würde. Und tatsächlich, kaum zwei Minuten darauf ging Licht an, in einem Fensterchen ganz oben im Dachgeschoß des mittleren Hauses. Ich wußte, das mußte seines sein, denn eben jetzt war sonst niemand da hineingegangen.
Noch während ich dastand, kam er ans Fenster und schaute herunter und erwischte mich dabei, wie ich ihn mit zurückgelegtem Kopf voll im Blick hatte. Diesmal schaffte ich es leider nicht schnell genug, in Deckung zu gehen. Er schaute starr auf mich herunter, ohne sich zu rühren. Mir wurde ganz unheimlich dabei, als wenn ich eine Schlange oder so was vor mir hätte und mich nicht mehr bewegen könnte. Endlich drehte ich den Kopf weg, als sei nichts gewesen, schob die Hände in die Taschen und zog pfeifend ab, als wüßte ich nichts Rechtes mit mir anzufangen.
Als ich dann ein Stück weiter weg war, ging ich immer schneller, bis ich um die Ecke und außer Sicht war. Ich wagte mich nicht umzudrehen, aber ich spürte, daß er die ganze Zeit oben am Fenster gestanden und mir nachgesehen hatte.
Es war reichlich spät, und hier war ich meilenweit von unserer Wohngegend entfernt, und mir war klar, daß ich jetzt kehrtmachen und alles Weitere auf morgen vertagen mußte. Immerhin hatte ich herausgefunden, in welchem Haus er wohnte – Decatur Street 305. Morgen konnte ich mit Scanny wieder herkommen.
Ich stieg von draußen ohne Umstände wieder in mein Zimmer ein, aber Mama hatte es natürlich schwer, mich am nächsten Morgen für die Schule aus dem Bett zu holen.
Scanlon und ich trafen uns Punkt drei, und wir ließen unsere Bücher in der Schule im Schließfach und starteten gleich von dort aus, ohne erst nach Hause zu gehen. Ich erzählte ihm, was ich herausgefunden hatte. Dann sagte ich: »Erst müssen wir rauskriegen, wie der Kerl heißt, und als nächstes dann, ob in der Gegend jemand mit 'nem Glasauge wohnt, den man in letzter Zeit nicht mehr gesehen hat.«
»Und wen fragen wir?«
»Wen fragt man, wenn man was erfahren will? Den Hausmeister.«

»Aber wenn der uns nichts sagen will? Manche Leute antworten nicht gern auf Fragen von Kindern.«
Ich knuffte ihn in die Seite und sagte: »Dazu ist mir gerade eine prima Idee gekommen! Wart nur ab, bis wir da sind. Du wirst schon sehen.«
Als wir hinkamen, ging ich erst mit ihm über die Straße und zeigte ihm das Fenster. »Da ist es, oben im Dachgeschoß, das mittlere Haus.«
Dann gingen wir wieder hinüber und machten uns daran, auf dem Vorplatz unter den Briefkästen nach seinem Namen zu suchen. Ich glaube kaum, daß wir den so leicht gefunden hätten; es war schwer festzustellen, welcher Name zu welcher Wohnung gehörte. Nur fiel mir zufällig einer auf, der ganz ähnlich war wie der, unter dem er beim Schneider den Anzug abgegeben hatte: Petersen. »Das muß er sein«, sagte ich zu Scanny. »Er hat einfach den ersten Teil geändert.«
»Und was machen wir jetzt?« fragte er.
Ich drückte auf den Klingelknopf, bei dem »Hausmeister« stand. »Paß mal auf«, sagte ich, »wie ich das aus dem herauskriege.«
Er war ein verschrobener alter Kauz. »Was wollt ihr Burschen?« schnauzte er uns an.
Ich sagte: »Wir sollen hier jemand was ausrichten, er wohnt im Haus, aber wir haben den Namen vergessen. Er hat ein Glasauge.«
Er knurrte: »Hier hat keiner 'n Glasauge!«
»Kann ja sein, daß wir uns in der Hausnummer geirrt haben. Hat vielleicht hier in der Nachbarschaft jemand ein Glasauge?«
»Nee, keiner! Jetzt macht, daß ihr fortkommt. Ich hab' zu tun!«
ir trabten zur Ecke zurück und lungerten da herum und waren ziemlich enttäuscht. »Hat uns nicht weitergebracht«, sagte ich. »Wenn im Haus keiner eines hat und auch nicht in der Nachbarschaft, woher hatte der Kerl es dann?«
Scanlons Interesse ließ schon nach. »Ach komm, das macht keinen Spaß mehr«, sagte er. »Gehn wir zurück und spielen wir –«
»Das hier ist kein Spiel«, erklärte ich ihm streng. »Ich mach' das,

um meinem alten Herrn zu helfen. Du kannst ja gehen, wenn du willst. Ich jedenfalls geb' nicht auf. Er sagt, ein guter Detektiv braucht vor allem Ausdauer.«
»Aha, Ausdauer . . . Tja, das kann dauern«, wollte er stänkern, aber da sah ich plötzlich etwas und verdrückte mich mit einem Satz um die Ecke.
»Da ist ja der Kerl!« flüsterte ich. »Gerade ist er aus dem Haus gekommen.«
Wir kauerten uns hinter einer vorspringenden Veranda nieder. Rings um uns waren jede Menge Leute, aber keiner achtete auf uns. Die dachten eben, wir wären Kinder, bei irgendeinem Spiel. Eine Minute darauf kam dieser Petersen an die Ecke und blieb stehen. Ich sah hoch und schaute mir sein Gesicht genau an. Es war ein normales Gesicht, es sah überhaupt nicht anders aus als sonst irgendeines. Bis jetzt hatte ich geglaubt, vielleicht müßte ein Mörder ein ganz auffälliges Gesicht haben, aber danach hatte ich meinen alten Herrn noch nicht gefragt, also wußte ich es nicht genau. Vielleicht war es auch gar nicht so, oder vielleicht war der Kerl am Ende doch kein Mörder, und ich vertat hier kostbare Zeit mit Spionieren und wäre besser Baseball spielen gegangen.
Er sah sich dauernd um, als wollte er sichergehen, daß er nicht irgendwem auffiel, und dann trat er endlich über die Bordsteinkante, überquerte die Fahrbahn und ging schnurstracks die Decatur Street entlang.
»Gehen wir ihm nach und sehen wir, wo er hingeht«, sagte ich. »Ich glaube, er hat mich gestern abend vom Fenster aus gesehen, und vielleicht kennt er mich noch, also machen wir es jetzt anders. Du gehst hinter ihm her, und ich komm dir nach. Ich bleib immer schön hinten und halte nur nach dir Ausschau.«
o versuchten wir es eine Zeitlang, aber da sah ich Scanlon plötzlich weiter vorn einfach stehenbleiben und auf mich warten. »Wieso hast du's denn aufgesteckt?« fragte ich, als ich bei ihm war. »Jetzt ist er weg.«
»Nein, stimmt nicht. Er ist nur da reingegangen, was essen. Du kannst ihn ja drin sitzen sehen.«

Er saß in einem Lokal mit einer großen Fensterscheibe zur Straße, und er blickte in unsere Richtung, also mußten wir uns unter das Fenster ducken und ganz vorsichtig hochschauen. So warteten wir eine ganze Weile. Schließlich sagte ich: »Jetzt müßte er doch fertig sein«, und riskierte wieder einen Blick. Aber er war immer noch da, die gleiche Kaffeetasse vor sich. »Der ißt gar nicht«, sagte ich zu Scanlon, »der schlägt nur die Zeit tot.«

»Was glaubst du wohl, auf was der wartet?«

»Vielleicht wartet er, bis es dunkel wird.« Ich schaute mich um, und da fehlte nicht mehr viel. »Vielleicht will er irgendwohin, wo er bei Tag nicht hingehen will, damit ihn niemand sieht.«

Scanlon scharrte schon ganz unruhig mit den Füßen. »Ich muß bald heim, sonst krieg' ich die Hucke voll«, sagte er. »Ich bin doch schon unten durch, weil ich gestern abend heimlich weg wollte.«

»Ja, und wenn du dann zu Hause bist«, sagte ich erbittert, »dann läßt du dich wieder einsperren wie gestern abend. Du bist vielleicht ein feiner Partner!«

»Nein, heute abend schaff' ich's bestimmt«, versprach er. »Heute ist Donnerstag, und Mama will ins Kino, da ist ein Werbevortrag, wo es Geschirr zu gewinnen gibt.«

»Na schön, dann komm wieder her, sobald du kannst. Und wenn du schon heimgehst, kannst du gleich was erledigen. Ruf bei mir an und sag meiner Mutter, daß ich zum Abendessen bei euch bleibe. Wenn sie wissen will, warum, dann sag ihr, wir hätten so viel Hausaufgaben bekommen, daß wir zusammen lernen wollen. Dann muß ich nämlich erst gar nicht hier weg. Der Kerl kann ja nicht ewig da drin sitzenbleiben, und ich will rausbekommen, wohin er geht, wenn er erscheint. Wenn ich nicht mehr da bin, bis du wiederkommst, dann warte hier auf mich, bei dem Schild ›Joe's Coffee Spot‹.«

Schon war er auf dem Heimweg und ließ mich allein. Und genau wie ich es mir gedacht hatte: Er war noch keine fünf Minuten weg, a kam der Kerl heraus, und ich war froh, daß einer von uns dageblieben war. Ich drückte mich in einen Hauseingang und luchste ihm um die Ecke nach.

Es war jetzt schön dunkel, so wie er es wahrscheinlich haben wollte, und er ging in der gleichen Richtung wie vorher die Straße entlang – weg von dem Haus, wo er wohnte. Ich gab ihm einen halben Häuserblock Vorsprung, und dann kam ich heraus und trabte hinter ihm her. Wir waren schon ziemlich am Stadtrand, und zwischen den Häusern tauchten breite Baulücken auf, und bald waren es mehr Lücken als Häuser, und zuletzt kamen gar keine Häuser mehr, nur noch Bauplätze, und dann Felder und weiter vorn ein paar Bäume.

Aber die Straße ging immer noch weiter, und hin und wieder flitzte ein Auto vorbei, das stadteinwärts fuhr. Es fiel mir auf, daß er dann jedesmal das Gesicht wegdrehte, als wollte er nicht gesehen werden.

Das war mit der Hauptgrund, daß ich ihm auf der Spur blieb. Er benahm sich einfach nicht normal, seit ich ihm am Abend zuvor von der Schneiderei aus zum ersten Mal nachgegangen war. Er war zu wachsam und vorsichtig, und er sah sich immerzu so auffällig um, als hätte er Angst davor, es könnte ihn jemand beschatten – genau wie ich es die ganze Zeit tat. So läuft keiner herum, außer er hat etwas Unrechtes getan.

Ich konnte hier draußen nicht einfach auf der Straße bleiben, weil da niemand ging außer ihm und mir, und er hätte mich jederzeit sehen können. Aber am Fahrbahnrand gab es jede Menge hohes Unkraut, und da stieg ich hinein und ging gebückt weiter, so daß mein Rücken nicht darüber hinausschaute. Wo das Grünzeug nicht so dicht zusammenstand, mußte ich mich ganz ducken und fix von einem Büschel zum nächsten springen.

Gerade ehe er da ankam, wo die Bäume anfingen, wurde er ein wenig langsamer, als hätte er jetzt nicht mehr weit zu gehen. Ich sah mich um, aber ich konnte nichts sehen, nur ein altes Holzhaus, das weit von der Straße zurückgesetzt war. Es brannte kein Licht dort, und es sah nicht so aus, als wohnte jemand darin. Es war so richtig gespenstisch, und ich hoffte, daß er nicht ausgerechnet dorthin gehen würde.

Aber dann sah es doch danach aus, nur ging er nicht einfach dar-

auf zu. Erst schaute er nämlich in beiden Richtungen die Straße entlang und sah, daß niemand in der Nähe war – vielmehr dachte er das. Dann drehte er den Kopf zur Fahrbahn und horchte, um sicherzugehen, daß nicht gerade ein Auto angefahren kam. Dann machte er einen Satz von der Straße in die Dunkelheit. Aber ich konnte ihn sehen, weil ich wußte, wo er abgebogen war.
Als er dann bei dem halbverfallenen Haus angekommen war, ging er erst einmal außen herum, ganz vorsichtig, als wollte er sichergehen, daß da drin niemand auf ihn lauerte. Zum Glück wucherte hier überall Unkraut und Gestrüpp, und es war leicht, näher an ihn heranzukommen.
Als er wieder vor dem Eingang angekommen war und sich überzeugt hatte, daß niemand im Haus war – das hätte ich ihm gleich sagen können, so wie es da aussah –, machte er sich endlich ans Hineingehen. Das Haus hatte eine merkwürdige Veranda mit einem Vordach darüber, das zwischen den beiden Stützpfosten tief durchhing. Darunter ging er hinein, und dann konnte ich ihn kaum noch sehen, weil es so finster war.
Ich hörte ihn an etwas herumfummeln, das sich nach einem Schloß anhörte, und dann quietschte die Tür und scharrte am Boden entlang. Auf der Veranda war etwas Weißes, und das hob er auf und nahm es mit hinein.
Er ließ die Tür hinter sich einen Spalt offen, als wollte er gleich wieder herauskommen, also war mir klar, daß ich auf keinen Fall zum Hineinschauen auf die Veranda schleichen durfte. Außerdem hätte der Boden unter mir sowieso geknarrt. Aber ich machte mich im Gebüsch ein wenig näher heran, damit ich die Tür besser im Blick hatte. Ein schwaches Licht leuchtete auf, keine normale Lampe, sondern ein Streichholz, das er da hinter der Tür angezündet haben mußte. Aber ich habe scharfe Augen und konnte gut sehen, was er jetzt tat. Er hob zwei Briefe auf, die sicher der Postbote unter der Tür durchgeschoben hatte. Er schaute sie an und bekam anscheinend eine Wut. Er zerknüllte sie mit einer Hand zu einer Kugel und schleuderte sie weit ins Innere des Hauses hinein. Er hatte sie nicht einmal aufgemacht, nur von außen angesehen.

Sein Streichholz brannte ab, aber er zündete ein neues an, nur diesmal weit drinnen in einem Raum, wo ich ihn nicht sehen konnte. Dann ging auch das zweite Streichholz aus, und eine Minute später ging die Tür ein Stückchen auf, und er schlich so lautlos, wie er hineingegangen war, wieder heraus. Er setzte etwas auf den Boden, an der Stelle, wo er vorher das Weiße aufgehoben hatte. Dann schloß er die Tür ganz vorsichtig hinter sich, schaute sich rings um, ob auch niemand in Sicht war, und stieg von der Veranda herunter.

Ich war jetzt ziemlich weit vorn bei der Tür, weiter als zuvor, wie er hineingegangen war. Aber ich hatte mich hinter einem großen Strauch versteckt, und ich duckte den Kopf zwischen die Knie und rollte mich zu einer Kugel ein, um mich so klein wie möglich zu machen, und das war dann so etwa das sechzehnte Mal, daß er mich glatt übersah. Nur meine Hand hatte ich vergessen. Sie ragte neben mir flach am Boden heraus, als Stütze.

Er kam so nahe an mich heran, daß sein Hosenbein fast mein Gesicht streifte. Ausgerechnet da fuhr auf der Straße ein Auto vorbei, und er ging schnell ein Stück rückwärts, damit er nicht gesehen wurde. Mit dem Absatz trat er mir voll auf zwei Finger.

Ich hatte nur den einen Gedanken: Wenn ich jetzt schreie, bin ich erledigt. Ich weiß nicht mehr, wie ich mich zusammenriß. Es war ein Gefühl, als hätte mir ein Fleischbeil die Finger abgehackt. Meine Augen standen voll Wasser, vermischt mit Sternchen. Er blieb auf meiner Hand vielleicht eine halbe Minute lang stehen, aber mir kam es vor wie eine Stunde. Zum Glück fuhr das Auto schnell, und da ging er wieder vorwärts. Ich schaffte es, ohne einen Mucks durchzuhalten, bis er vorn an der Straße war.

Dann wälzte ich mich auf den Bauch, drückte das Gesicht in die Arme und heulte los, aber ohne den geringsten Laut. Als ich das richtig aus mir herausgewürgt hatte, tat es längst nicht mehr so weh.

Dann setzte ich mich auf und überlegte, und dabei blies ich mir zur Kühlung auf die Finger. Er war die Straße wieder zurückgegangen, auf das bebaute Stadtgebiet zu. Ich wußte nicht, ob ich

ihm weiter folgen sollte oder nicht. Wenn er nur dorthin zurückging, woher er gekommen war, dann hatte das eigentlich keinen Sinn – wo das war, das wußte ich ja schon. Und ich wußte, daß er nicht hier in diesem Haus wohnte; in zwei verschiedenen Häusern wohnt man nicht gleichzeitig.
Was wollte er dann aber hier draußen? Wozu war er hergekommen? Er hatte sich aufgeführt, als sei er irgendwie verärgert, so wie er diese Briefe anschaute und sie dann zerknüllte und fortwarf. Als wären sie nicht das, was er wollte, als hätte er den ganzen weiten Weg hier heraus umsonst gemacht. Bestimmt wartete er auf einen Brief – einen Brief, der noch nicht angekommen war. Ich beschloß, dazubleiben und möglichst mehr über dieses Haus in Erfahrung zu bringen.
Ich wartete also, bis ich seine Schritte auf der Straße nicht mehr hörte, dann stand ich auf und schlich selber auf die Veranda. Das Ding, das er vor die Tür gestellt hatte, war eine leere Milchflasche, wie man sie für den Milchmann hinstellt, damit er sie mitnimmt, wenn er wieder Milch bringt. Sicher war das Weiße, das er am Anfang aufgehoben hatte, die gleiche Flasche gewesen, nur noch voll Milch. Er hatte sie einfach mit ins Haus genommen und ausgegossen.
Was hatte er im Sinn, wenn er so etwas tat? Er war nicht mal so lange drinnen gewesen, daß er die Milch hätte trinken können. Er schüttete sie einfach weg und brachte dann die leere Flasche wieder heraus. Damit waren zwei Dinge klar. Wenn der Milchmann hier Milch anlieferte, dann nahm er an, daß hier jemand wohnte. Wenn aber der Kerl die Flasche ausleerte, dann bewies das, daß hier niemand mehr wohnte, nur sollten das der Milchmann oder der Postbote oder sonst die Leute noch nicht merken.
Mein Herz beschleunigte in den nächsten Gang, und ich bekam eine Gänsehaut und flüsterte mir selber zu: »Vielleicht hat er den Burschen, der hier wohnt, umgebracht, und es ist noch nicht herausgekommen! Wetten, das ist es! Wetten, das Auge ist von *hier!*«
Der einzige Haken dabei war: Wozu kam er dann immer wieder her, wie es den Anschein hatte? Ich konnte mir nur vorstellen, daß

er irgendeinen Brief an sich bringen wollte, von dem er wußte, daß er hier ankommen würde. Aber der Brief war noch nicht angekommen, und da kam er abends immer wieder her und schaute nach, ob er nicht inzwischen zugestellt worden war. Und vielleicht lag schon die ganze Zeit ein Toter da drinnen . . .
Ich hielt mir immer wieder vor: »Ich geh jetzt da rein und schau nach, ob da einer ist. Ich kann sicher leicht rein, auch wenn die Tür abgeschlossen ist.« Aber eine ganze Weile bewegte ich mich überhaupt nicht.
Endlich sagte ich mir so ungefähr das: »Das ist doch nur ein Haus. Was kann dir ein Haus tun? Es ist eben finster und leer, nicht weiter schlimm. Und auch wenn da drinnen ein Toter liegt – Tote können sich nicht mehr bewegen. Du bist ja kein kleiner Junge mehr mit deinen zwölf Jahren und fünf Monaten, und außerdem braucht dein alter Herr Hilfe. Wenn du da reingehst, findest du vielleicht irgendwas heraus, das ihm helfen kann.«
Ich versuchte es erst mal an der Tür, aber die war abgeschlossen, wie ich es mir schon gedacht hatte. So kam ich also nicht hinein. Dann ging ich langsam rings um das Haus herum und versuchte es nacheinander an allen Fenstern. Sie lagen über meinem Kopf, aber an der Hauswand ragten an vielen Stellen die Holzschindeln heraus, und ich konnte mir daran leicht mit den Zehenspitzen einen Halt verschaffen und mich hochziehen. Aber es klappte leider auch so nicht. Alle Fenster waren verriegelt oder von innen zugenagelt.
Schließlich sagte ich mir, es müßte doch ein Fenster im Dachgeschoß aufzubekommen sein, und ich ging wieder um das Haus nach vorn, spuckte in die Hände und kletterte einen der Verandapfosten hinauf. Ein paar dürre Rebenranken waren daran hochgewachsen, also war es kinderleicht hinaufzukommen. Das ganze Gestell war so alt, daß es fürchterlich schwankte, aber ich wog ja nicht viel, und es ging alles gut.
Ich zog mal an einem der Fenster. Es rührte sich zuerst nicht, weil es so lange nicht mehr aufgemacht worden war, aber ich ließ nicht locker, und endlich ging es mit einem Knarren auf. Das Geräusch

machte mir irgendwie bange, aber ich schluckte das hinunter und schlüpfte durch, die Beine voraus. Im Haus roch es muffig, und Spinnweben kitzelten mich im Gesicht, aber ich wischte sie einfach weg.

Viel konnte ich nicht sehen, nur Grau, wo die Wände waren, und Schwarz, wo die Tür war. Ein Erwachsener hätte Zündhölzer bei sich gehabt, aber ich mußte mich eben mit ausgestreckten Händen vortasten.

Ich stieß fast nirgends an, wahrscheinlich weil die Zimmer oben ganz leerstanden und nichts da war, wo ich hätte anstoßen können. Aber die Dielen knackten und knarrten unter mir. Ums Haar wäre ich die ganze Treppe hinuntergesegelt und hätte mir vielleicht dabei das Genick gebrochen, weil die Stufen eher da waren, als ich angenommen hatte. Aber dann war das Gehen ganz leicht, ich tastete erst mit der Fußspitze nach jeder Stufe, damit die auch bestimmt da war, ehe ich mich traute, mit dem ganzen Fuß aufzutreten. Es dauerte lange, bis ich auf diese Weise ganz unten war, aber wenigstens kam ich heil an. Dann ging ich dem Gefühl nach in Richtung Haustür. Ich wollte wieder hinaus.

Ich weiß nicht, was mich aus dem Gleis brachte, ob da eine unvorhergesehene Biegung in der Treppe war, von der ich im Dunkeln nichts merkte, oder ob ich die Orientierung verlor, weil ich zwischendurch ein paarmal über leere Kisten stolperte und mich wieder hochrappeln mußte. Jedenfalls tastete ich mich immerzu vor, in gerader Linie vom Fuß der Treppe aus, wie ich glaubte, bis ich bei einer verschlossenen Tür ankam. Ich dachte natürlich, das sei die Haustür. Ich drückte die Klinke nieder, und sie ging ganz leicht auf. Da hätte ich merken müssen, daß das eben nicht die Haustür war, weil ich ja gesehen hatte, wie er sie beim Weggehen hinter sich abschloß.

Die Luft hinter der Tür war noch viel schlechter als in dem Raum davor, ganz feucht und modrig, als wenn man sich in ein Erdloch eingebuddelt hat, und vor mir war es jetzt erst recht dunkel, also war mir klar, daß es hier nicht zur Veranda ging. Statt zurückzugehen, machte ich einen Schritt vorwärts und trat durch die Tür, ich

wollte einfach wissen, wo es da hinging, und – diesmal stürzte ich wirklich! Mann, das war ein Sturz! Hals über Kopf, von oben eine ganze steile Treppe aus Ziegelsteinen hinunter, so daß mir jeder Aufschlag höllisch weh tat.
Meine einzige Rettung war, daß ich am Fuß der Treppe auf etwas Weichem landete. Nichts richtig Weiches wie eine Matratze, sondern irgendwie weich und zugleich steif, wenn man das so sagen kann. Erst dachte ich, es sei so was wie ein Sack voller Sägemehl. Schon dachte ich mir: »War ja ein Glück, daß da was liegt!«
Da streckte ich die Hand aus, um mich beim Aufstehen abzustützen, und plötzlich erstarrte ich zu Eis.
Meine Hand war genau auf einer anderen Hand gelandet – als hätte die da auf mich gewartet! Nur war sie nicht warm und weich wie eine Hand, sie fühlte sich eher an wie ein steifer Lederhandschuh, der lange im Wasser gelegen hat, aber ich wußte sofort, was es war. Die Hand ging in einen Arm über und in eine Schulter, und die wiederum in einen Hals, und der endete mit einem Kopf.
Ich schrie und machte einen Satz und landete weiter drüben auf dem Fußboden. Dann krabbelte ich los, auf allen vieren, um nur schnell da rauszukommen.
Zur Treppe konnte ich nur wieder zurück, wenn ich über das, was unten vor den Stufen lag, drüberstieg. Das hielt mich noch mal ein paar Minuten auf, bis ich soweit war, mir selber gut zuzureden.
Na ja, dabei mußte ich recht energisch werden. »Er ist ermordet worden, weil man Leute, die normal gestorben sind, beerdigt und nicht einfach unten vor der Kellertreppe liegen läßt. Also ist eines klar: Petersen hat tatsächlich jemand umgebracht, genau wie du ihn seit zwei vollen Tagen im Verdacht hast. Und statt Todesängste auszustehen, solltest du froh sein, daß du den Ermordeten gefunden hast, weil du jetzt deinem alten Herrn tatsächlich helfen kannst, wie du dir's gewünscht hast. Noch kein Mensch weiß von der Sache, noch nicht mal der Milchmann oder der Postbote, und er kann sich den Fall ganz allein vornehmen.«
Das gab mir mächtig Auftrieb. Ich wischte mir den Schweiß von der Stirn und zog mir den Gürtel enger, bis zum vierten Loch, das

war das letzte. Dann kam mir eine Idee, wie ich ihn anschauen und genau feststellen könnte, ob er wirklich ermordet worden war. Streichhölzer hatte ich nicht, aber er war ein Erwachsener, auch als Toter, und vielleicht hatte er welche in – in seiner Tasche.
Ich kroch also wieder los, auf ihn zu, und als ich dort war, biß ich die Zähne ganz fest zusammen und tastete mit einer Hand dort nach, wo seine Tasche sein mußte. Sie zitterte so, daß sie es allein nicht schaffte, also umfaßte ich sie mit der anderen Hand und gab ihr Halt und bekam sie hinein. Und dann mußte ich auch noch um ihn herumgehen und die Tasche auf der anderen Seite untersuchen. Darin hatte er drei Streichhölzer, von den langen. Beim Herausziehen verfing sich meine Hand, und ich drehte dabei fast durch, aber schließlich streifte ich mit der anderen Hand die Tasche ab und zog mich vorsichtig wieder zurück.
Dann riß ich am Fußboden ein Streichholz an. Sein Gesicht sah ich als erstes. Es war ganz zerknittert und vertrocknet, und es waren vier schwarze Löcher darin, eines mehr als normal. Der Mund als großes breites Loch und die Nasenlöcher als zwei kleine, und dann war da noch eines unter einem Augenlid, oder doch eine Art Einbuchtung, die ebenso aussah wie ein Loch. In dieser Augenhöhle hatte er ein Glasauge getragen, und zwar genau das, das ich eben jetzt in der Tasche hatte. Ich begriff jetzt, wie es ihm abhanden gekommen war.
Er war mit einem alten Stoffgurt erdrosselt worden, unerwartet von hinten. Der Gurt lag noch um seinen Hals, so fest angezogen und verwunden, daß man ihn zum Abnehmen hätte durchschneiden müssen. Das ließ sein anderes Auge, das echte, weit aus den geschwollenen Lidern hervortreten, als würde es gleich herausspringen. Und ich glaube, mit dem Ersatzauge hatte es sich so zugetragen: Es lockerte sich und fiel heraus, während er sich noch am Boden zwischen den gegrätschten Beinen des Mörders wehrte, und dem rutschte es in den Hosenaufschlag, ohne daß er es überhaupt merkte. Dann, als es vorbei war, fiel ihm entweder gar nicht auf, daß es im Gesicht des Toten fehlte, oder er dachte, es sei weggekullert und läge jetzt irgendwo in einer Ecke. Und statt des-

sen steckte es im Hosenaufschlag des Anzugs, den er zur Reinigung brachte, um verdächtige Schmutzstellen oder Flecken beseitigen zu lassen.
Das Streichholz war jetzt bis zu meinen Fingerspitzen heruntergebrannt, und ich mußte es ausblasen. Es hatte mir alles gezeigt, was ihm möglich war. Es erklärte mir freilich nicht, wer der tote alte Mann war oder warum dieser Petersen ihn getötet hatte. Oder was er noch suchte, wenn er wieder herkam. Ich kroch im Dunkeln die Ziegelsteinstufen der Kellertreppe hoch und dachte schon, nun könnte ich nie wieder einen solchen Schrecken bekommen wie in dem Augenblick, als ich diese andere Hand unter meiner Hand gespürt hatte. Aber da täuschte ich mich, soviel kann ich hier schon verraten.
Ich fand ohne besondere Mühe den Weg zurück zur Haustür, der richtigen Haustür diesmal. Dann fielen mir die beiden Briefe ein, die ich ihn zerknüllen und wegwerfen gesehen hatte. Daraus könnte ich erfahren, wer der Tote war. Ich mußte eines von den zwei Streichhölzern anzünden, die ich noch hatte, um danach zu suchen, aber in der Tür war keine Scheibe, nur eine Ritze an der Unterkante, und Petersen mußte mittlerweile längst wieder drinnen in der Stadt sein, also dachte ich mir, es dürfte nichts schiefgehen, wenn ich es nicht zu lange brennen ließ.
Ich entdeckte sie sofort und hielt das Streichholz nur so lange, bis ich sie glattgestrichen und den Empfänger gelesen hatte. Der tote alte Mann war Thomas Gregory, und die Straße hier draußen mußte immer noch Decatur Street sein, auch in diesem Außenbezirk, weil die Anschrift Decatur Street 1017 lautete. Es war nur Reklame, das eine ein Gebrauchtwagenangebot, das andere ein Bücherangebot.
Ich blies das Streichholz aus und steckte die Briefe unter das Futter meiner Mütze. Ich wollte sie mit nach Hause nehmen und sie meinem Vater zeigen, damit er mir auch glaubte, wenn ich ihm erzählte, daß ich hier draußen einen Mann gefunden hatte, der ermordet worden war. Sonst würde er bestimmt denken, ich wollte ihm was vorflunkern.

Dann merkte ich, daß ich die Tür einfach nicht aufbekam, auch nicht von innen. Er hatte sie mit Gregorys Schlüssel abgeschlossen und den mitgenommen. Ich fand noch eine Tür an der Hinterseite des Hauses, aber damit war es erst recht nichts; die hatte nämlich ein Vorhängeschloß. Dieser Gregory mußte regelrecht Angst vor den Leuten gehabt haben, oder vielleicht war er auch ein verrückter Einsiedler, wenn er sich hier derart einschloß, mit zugenagelten Fenstern und alledem. Nun mußte ich also wieder ganz hinaufgehen, aus dem Fenster klettern, mich hoch über dieser lebensgefährlichen, wackligen Veranda entlanghangeln und auf den Boden hinunterrutschen.

Ich war bis dahin gekommen, wo die Treppe nach oben führte, und ich hatte gerade den Fuß auf die unterste Stufe gesetzt, da hörte ich draußen ein Knirschen. Und dann trat jemand auf die Veranda! An der Tür gab es ein schleifendes Geräusch, und eine Minute später machte eine kleine Pfeife *piep!* Ich bekam überall Gänsehaut. Ich weiß nicht, was von den drei Dingen mir am meisten Angst machte. Ich glaube, es war das ganz leise Geräusch unter der Tür. Nur eines hielt mich davor zurück, daß ich die Treppe hinaufraste: ich konnte hören, wie sich draußen Schritte entfernten.

Ich ging auf Zehenspitzen an eines der Fenster zur Straße, rieb eine blanke Stelle in den Staub und schaute da durch. Ich konnte einen Mann sehen, der vom Haus weg und wieder zur Straße vorging. Er stieg auf ein Fahrrad und fuhr weg. Es war nur ein Eilbote von der Post.

Ich wartete, bis er weggefahren war, dann tastete ich mich noch einmal zur Tür vor, und sogar im Dunkeln konnte ich etwas Weißes darunter hereinragen sehen. Ich bückte mich und packte es zwischen Daumen und Zeigefinger, aber es ging nicht durch, anscheinend war es hängengeblieben. Er hatte es nicht ganz hereingeschoben, und erst dachte ich, es wäre vielleicht zu dick oder es hätte sich an einem Splitter verhakt.

Ich ließ eben mal los, um dann fester anzufassen, und da wurde das Ding vor meinen Augen immer kürzer und rutschte wieder in der anderen Richtung weg. Ich begriff nicht, wie das kam, denn die Türschwelle fiel nicht schräg ab. Als nur noch ein kleines Stück hervorschaute, packte ich rasch an und zog es mit einem Ruck wieder herein.

Dann ließ ich ganz schnell los und stand da, ohne einen Mucks und mit irrsinnigem Herzklopfen. Ohne daß ich irgendwas gehört hatte, war mir mit einem Mal klargeworden, daß draußen vor der Tür jemand stand! Jetzt hatte ich natürlich Angst, den Brief noch mal anzufassen, aber nun war es schon schiefgegangen. Der Ruck, mit dem ich daran gezogen hatte, mußte ihm ja sagen, daß jemand hier drinnen war.

Mir war himmelangst, und ich schlich wieder zum Fenster, so vorsichtig, als ginge ich auf Eiern. Ich wollte wissen, ob ich von da aus seitwärts auf die Veranda schauen konnte. Gerade als ich hinkam, passierte etwas, wie es immer im Kino passiert, nur war es hier überhaupt nicht zum Lachen. Mein Gesicht hatte plötzlich ein anderes Gesicht vor sich. Er wollte gerade hereinschauen, und ich wollte hinausschauen. Unsere Gesichter waren – schwupp! – ganz dicht zusammen, nur mit einer dünnen Fensterscheibe dazwischen.

Vor Schreck zuckten wir beide zusammen, und er richtete sich auf. Er hatte sich tief heruntergebückt, um hereinzusehen, und nun merkte er, daß ich ein Junge war. Es war Petersen. Sogar in dem dämmrigen Licht draußen erkannte ich ihn an der Form seines Hutes und an den abstehenden Ohren. Bestimmt hatte er in der Umgebung gelauert und den Postboten auf seinem Fahrrad beobachtet.

Wir sausten beide vom Fenster weg. Er sprang zur Tür und fummelte mit dem Schlüssel herum. Ich sprang zur Treppe, dem einzigen Ausweg für mich. Ehe ich hinkam, fiel ich längelang über eine leere Kiste. Dann war ich auf den Stufen und flitzte hinauf wie der Blitz. Gerade als ich oben war, hörte ich unten die Tür gehen. Mit einer Kletterpartie aus dem Fenster hätte ich es vielleicht geschafft, vor ihm aus dem Haus zu kommen, aber für einen Wettlauf auf der Straße rechnete ich mir kaum eine Chance aus. Ich konnte höchstens hoffen, daß ich mich vor ihm draußen in die Büsche schlagen und mich dann verkrümeln könnte, ich wußte aber nicht,wie ich das anstellen sollte, mit dem Kerl so dicht auf den Fersen.

Ich war beim Fenster oben, gerade als er unten an der Treppe ankam. Ich schaute mich nicht lange um, aber ich glaube, er blieb stehen und zündete ein Streichholz an, damit er schneller vorwärtskäme. Ich schwang hastig ein Bein über den Fenstersims und zerriß mir dabei die Hose an einem Nagel. Gleich darauf passierte noch etwas viel Schlimmeres. Gerade als ich einen Fuß auf das Holzdach über der Veranda setzte und den anderen durchs Fenster nachziehen wollte, da ging das Dach rechts und links in die Höhe, und die Mitte hing durch, und dann sackte der ganze Krempel zwischen den zwei Pfosten, an denen alles hing, in sich zusammen. Zum Glück hielt ich mich mit beiden Armen am Fensterrahmen fest. Ich konnte mich gerade noch zurückziehen und mein Bein wieder auf den Sims bringen.

Wenn der Boden unten frei gewesen wäre, hätte ich es riskiert und wäre von oben abgesprungen, obwohl es für einen Jungen wie mich ein ziemlich hoher Sprung war, aber da unten ragten so viele spitze Holzsplitter in die Höhe, daß mich einer davon todsicher aufspießen würde, wenn ich es wagte. Petersen war mal eben zur Tür zurückgelaufen – sicher dachte er, jetzt stürzt das ganze Haus ein, und wie er sah, daß es nur das Vordach war, streckte er den Kopf heraus und drehte ihn zur Seite und schaute zu mir hoch, und ich saß da auf dem Fenstersims in der Falle.

Er sagte nur: »So, Junge, jetzt hab' ich dich.« Das sagte er so gemächlich und so ruhig, daß es mir mehr Angst machte, als wenn er geflucht hätte.

Er ging hinein und wollte wieder die Treppe hoch. Ich lief an den drei Zimmerwänden entlang und suchte ein Schlupfloch, und an der dritten Wand fand ich tatsächlich einen schmalen gemauerten Kamin. Da sprang ich hinein und versuchte, innen hochzuklettern. Doch gerade als er ins Zimmer kam, fiel ich wieder auf den Boden zurück. Er kam sofort herüber zum Kamin und bückte sich, und seine Arme griffen herein und holten immer wieder weit aus. Beim ersten Mal verfehlte er mich, aber beim zweiten Mal bekam er mich zu fassen. Ich konnte mich da drin an nichts festhalten, um mich gegen das Herausziehen zu wehren. Mit wildem Gestrampel kam ich heraus, und er richtete sich auf und hielt mich mit einem Griff um die Kehle weit von sich ab, damit ich ihm nicht mit den Füßen zu nahe kam. Er ließ mich mit beiden Fäusten auf seinen Arm hämmern, bis ich völlig erschöpft war, und dann sagte er wieder in der gleichen ruhigen, unheimlichen Art: »Na, was willst du hier, Kleiner?«

»War bloß ein Spiel«, sagte ich.

»Findest du nicht auch, daß das ein merkwürdiger Spielplatz für ein Kind wie dich ist, und eine merkwürdige Uhrzeit dazu?«

Was sollte man darauf schon antworten?

Er sagte: »Ich hab' dich doch schon gesehen, Kleiner. Ich hab' dich gesehen, wie du gestern abend auf der Straße gestanden und zu meinem Fenster hochgeschaut hast. Du läufst mir neuerdings einfach zu oft über den Weg. Was willst du eigentlich?« Er schüttelte mich, bis mir fast die Zähne herausfielen, dann fragte er mich zum zweiten Mal, so richtig langsam: »Was willst du?«

»Nichts«, faselte ich. Mein Kopf wollte immerzu schlaff auf eine Schulter sinken, so schwindlig war ich von dem Geschüttel.

»Da bin ich anderer Meinung. Wie heißt dein Vater?«

»Frank Case.«

»Und wer ist Frank Case?«

Ich wußte, ich hatte nur eine Chance: Das durfte er nicht erfahren. Ich wußte, wenn ich ihm das sagte, dann ließ er mich nicht mehr lebend hier weg. Aber ich konnte nicht anders, ich mußte es ihm einfach sagen, ich war auch froh darüber und ganz stolz. Ich wollte kein Erbarmen von ihm. »Der beste Detektiv bei unserer Kripo!« schleuderte ich ihm ins Gesicht.

»Dann bist du erledigt«, sagte er. »Also der Sohn von einem Polypen. Na, so einer wird selber mal ein Polyp. Die muß man zertreten, solange sie noch klein sind. Hat dir dein Vater schon beigebracht, wie man mit Anstand aushaucht, Kleiner?«

Ich haßte ihn! Meine Stimme wurde fast so heiser, als wäre ich schon im Stimmbruch, aber so weit war ich noch nicht. »So was muß mir mein Vater nicht erst beibringen. Als sein Sohn weiß ich das von allein.«

Er lachte. »Warst du schon im Keller drunten, Junge?«

Ich gab keine Antwort.

»So, da runter gehen wir jetzt.«

Ich haßte ihn so sehr, daß ich meine Angst fast ganz vergaß. Man hat sowieso nur dann Angst, wenn man eine Chance hat, noch mal davonzukommen. Wenn man keine Chance mehr hat, dann hilft es auch nichts mehr, daß man Angst hat. »Und da komm' ich nicht wieder rauf, oder?« sagte ich wie zur Herausforderung, während er sich mit mir die Treppe hinuntertastete.

»Nein, da kommst du nicht wieder rauf. Gut, daß du's einsiehst.«

Ich sagte: »Sie können mich genauso umbringen wie ihn, aber Angst hab' ich vor Ihnen nicht. Mein Papa und jeder Polizist in der Stadt werden mit Ihnen abrechnen, Sie dreckiger Mörder, Sie. Sie Schwein!«

Inzwischen waren wir unten im Erdgeschoß angekommen. Das war immerhin noch besser als der Keller. Ich drehte blitzschnell den Kopf und schlug die Zähne in seinen Arm, genau über dem Ellbogen. Ich drückte zu, bis ich sie ganz eng zusammenhatte, durch den Ärmel und die Haut und den Muskel. Ich spürte dabei nicht mal, wie er auf mich einschlug, aber ich weiß, daß er das tat, weil ich ganz plötzlich quer durchs ganze Zimmer hart gegen die Wand geschleudert wurde und Ohrensausen bekam.

Ich hörte ihn sagen: »Du kleiner Polypenlümmel! Wenn du's schon nicht erwarten kannst, dann nimm!« Das Weiße von seinem Hemd blitzte kurz hervor, als hätte er seinen Mantel zurückgeschlagen, um etwas herauszuziehen. Dann fuhr ein langer Stab aus Feuer auf mich los, und im Zimmer krachte es wie ein Donnerschlag.

Ich hatte noch nie gehört, wie eine Pistole losgeht. Es ist unheimlich spannend. Jedenfalls war es das für mich. Ich wußte, die Wand hinter mir war hell, und das war schlecht, weil ich mich

deutlich davor abzeichnete. Ich ließ mich auf den Boden fallen und robbte seitlich weg, das Gesicht immer ihm zugekehrt. Ich wußte, jeden Moment konnte noch ein solcher Leuchtstab ankommen, diesmal gut gezielt, nach unten gerichtet.
Er hörte das schleifende Geräusch, das mein Körper am Boden machte. Bestimmt dachte er, ich wäre getroffen, könnte mich aber noch bewegen. Er sagte: »Hängst ja ganz schön am Leben, was, Kleiner? Warum heulst du denn nicht? Tut's nicht weh?« Ich schwamm einfach weiter am Fußboden entlang. Dann hörte ich ihn sagen: »Auf zwei Schüsse kommt's bei dem Krach auch nicht an. Diesmal geh' ich auf Nummer Sicher.« Er trat einen Schritt vor und beugte das eine Knie. Ich sah, wie sich sein Arm vorstreckte und zu mir herunterzeigte.
Es ging nicht anders, ich mußte da unten am Boden einfach mal die Augen fest zumachen. Dann fiel mir ein, daß ich der Sohn eines Detektivs war, und da machte ich sie gleich wieder auf. Wegen eines Mörders würde ich doch nicht die Augen zumachen.
Der Leuchtstab kam wieder, und der Donner, und eine Unzahl Splitter sprang ganz dicht vor meinem Gesicht hoch. Einer davon sauste mir in die Lippe, es brannte wie ein Nadelstich. Gegen meinen Willen konnte ich den Mund nicht halten. Voll irrsinnigem Haß auf ihn und ganz ruhig, als wäre ich ein Erwachsener im Gespräch mit einem anderen, und nicht ein Kind, das weiß, daß es jetzt sterben muß, sagte ich:
»Ach nee, Mister, für einen Mörder sind Sie aber dusslig!«
Mehr Zeit hatte ich nicht mehr. Ganz plötzlich gab es ein Geräusch, als durchpflügte jemand die Trümmer draußen auf der Veranda, und die Tür ging weit auf und schlug gegen die Wand. Vor lauter Eile, mich zu erwischen, hatte er nicht hinter sich abgeschlossen. Einen Augenblick herrschte vollkommene Stille – ich platt auf dem Boden, er irgendwo im Dunkeln.
Dann flüsterte eine leise Stimme, die ich nur zu gut kannte: »Nicht schießen, Leute, der hat hier vielleicht meinen Jungen bei sich.«
Ihn konnte man gegen den helleren Himmel draußen sehen, aber

er brauchte Licht, um sehen zu können, sonst würde Petersen ihn todsicher umlegen. Der schoß bloß deshalb noch nicht, weil er nicht verraten wollte, wo er war. Ich hatte noch ein einziges Streichholz von dem Toten in der Tasche. Aber ein Streichholz geht aus, wenn man es durch die Luft wirft. Ich holte es aus der Tasche, und ich drückte den Streichholzkopf an den Boden und hielt ihn startbereit. Dann zog ich die Beine an den Körper, richtete mich aus der Hocke auf und riß beim Hochkommen das Streichholz an. Ich streckte es weit in den Raum, zu Petersen hin, den Arm so lang vorgereckt, wie es nur ging, und als es aufflammte, beleuchtete es ihn von Kopf bis Fuß in rauchigem Orange. »Genau vor dir, Papa!« brüllte ich.

Petersens Revolver fuhr blitzartig und wütend zu mir herum, um mir samt meinem Streichholz das Lebenslicht auszublasen, aber es gibt etwas, das mehr ausrichtet als eine Kugel, nämlich eine andere Kugel. Im Türrahmen krachte ein Donnerschlag, und die Kugel meines Vaters traf ihn so gut von der Seite in den Kopf, daß er wie ein Betrunkener, der tanzen will, seitwärts wegtorkelte und, mit der Schulter an der Wand, herunter zu Boden rutschte, immer noch von meinem Streichholz rauchig-orangefarben beleuchtet.

Ich stand da wie die Freiheitsstatue und hielt das Ding, bis sie zu ihm hinüber gelangten und sicher sein konnten, daß er nicht noch im Liegen schoß.

Aber einer von ihnen kam direkt zu mir her, ohne sich um ihn zu kümmern, und ich wußte natürlich auch im Dunkeln, wer das war. Er sagte: »Frankie, alles klar bei dir?«

Ich sagte: »Alles klar, Papa.«

Und das Komische daran war, daß das stimmte, während ich es sagte. Ich bildete mir fest ein, daß ich die ganze Nacht so weitermachen könnte. Aber ganz plötzlich, als ich spürte, wie er nach mir griff, da war mir wieder klar, daß ich erst zwölf war und noch lange warten mußte, bis ich ein richtiger Detektiv werden konnte, und ich drückte mich rasch ganz schlapp gegen ihn und schlief im Stehen ein oder so ...

Als ich aufwachte, saß ich mit ihm und zwei von den anderen in einem Auto, auf der Rückfahrt zur Stadt. Ich legte gleich los, sobald ich die Augen wieder offen hatte, damit ihm auch bestimmt nichts entging, denn ich wollte doch, daß er reha-. Na, eben die Sache da.

Ich sagte: »Papa, er hat einen alten Mann umgebracht, der heißt Thomas Gregory. Und der liegt unten –«

»Ja, wir haben ihn gefunden, Frankie.«

»Und, Papa, unter der Haustür ist ein Brief, und deshalb hat er ihn ermordet.«

»Den haben wir auch gefunden, Frankie.« Er zog ihn aus der Tasche und zeigte ihn mir. Es war nichts Besonderes, nur ein schmales Stück blaßblaues Papier.

»Das ist ein Scheck über zwölftausend Dollar zur Regulierung eines Schadenersatzanspruches, den er als Folge eines Unfalls gegen eine Baugesellschaft angemeldet hatte.«

Und dann erklärte mir mein Vater, fast als wäre ich schon erwachsen und kein Kind mehr: »Er wurde von einem Stahlteil ins Auge getroffen, als er an einer Baustelle dieser Firma vorüberging. Er mußte sich das Auge entfernen lassen. Das war vor fünf Jahren. Seither schleppte der Fall sich hin, und er wurde ganz verbiestert und konnte schließlich nur noch in diesem Schuppen da draußen von der Hand in den Mund leben. Sie stellten sich streitig bis zuletzt, aber die Berufungsinstanz verurteilte sie schließlich zum Schadenersatz. An dem Tag, als der Gerichtsbeschluß erging, brachten einige Zeitungen eine kurze Meldung darüber, den üblichen Spaltenfüller am Ende der Seite. Eine dieser Meldungen war Petersen offenbar ins Auge gestochen, und er nahm irrtümlich an, der Scheck sei schon eingegangen und von dem alten Mann eingelöst worden. Er tauchte dort draußen auf, verschaffte sich Zutritt oder brach ein, folterte vermutlich Gregory zunächst, und als er nichts aus ihm herausbrachte, tötete er ihn schließlich. Aber damit hatte er zu voreilig gehandelt. Der Scheck kam erst heute abend an, wie du gesehen hast. Er mußte also immer wieder herkommen und danach suchen. Da der alte Mann tot war und der Scheck doch eingelöst werden mußte, hätte er allenfalls noch als Verzweiflungstat die Unterschrift fälschen und ihn bei einer Bank einreichen können, mit ein paar Ausweispapieren, die er vielleicht bei Gregory gefunden hatte. Er war nicht gerade intelligent, sonst hätte er gewußt, daß er ein solches Ding nicht mal mit der Chance von eins zu tausend landen konnte. Eine Bank löst nicht einfach einen Scheck über eine so hohe Summe ein, wenn sie den Zahlungsempfänger nicht kennt. Sie zieht in jedem Fall erst unauffällig Erkundigungen ein. Nur wollte der Kerl eben irgendwas von seinem Mord haben. Er hatte den alten Mann umsonst umgebracht . . . Aber wie zum Kuckuck hast gerade *du* –«

Da holte ich das Glasauge heraus und zeigte es ihm und erzählte ihm, wie ich die Spur verfolgt hatte. Ich sah, wie sie sich anschauten und den Kopf schüttelten, so richtig überrascht, und einer sagte: »Nicht übel! Gar nicht so übel!«

»Nicht übel?« fuhr da mein Vater auf.

»Woher wußtest du, wo ich war?«

»Also erst mal«, sagte er, »hat deine Mutter gleich gemerkt, daß Scanny schwindelte, als er sagte, du machst bei ihm zu Hause Schularbeiten. Ihr Burschen hattet nämlich in eurer Aufregung glatt übersehen, daß morgen am Erntedanktag schulfrei ist. Sie schickte mich hinüber, ich knöpfte mir Scanny vor, und er zeigte mir, wo dieses Zimmer ist, bis zu dem ihr diesem Petersen vorher nachgegangen wart.

Ich brach die Tür auf, durchsuchte den Raum und fand zwei Zeitungsmeldungen über den alten Gregory, die er extra angestrichen und ausgeschnitten hatte. Diese Sache wollte mir gleich mal nicht gefallen, und dein Freund Scanny hatte auch schon etwas von einem Glasauge berichtet. Zum Glück stand in der Zeitung sogar die Adresse des Einsiedlers – so hatte Petersen auch leichtes Spiel gehabt –, und als es dann halb zwölf wurde und von dir nichts zu sehen war, da organisierte ich rasch einen Wagen und raste hinaus.«

Wir fuhren erst noch zum Präsidium, damit er die Sache zu Protokoll geben konnte, und er machte mich mit einem weißhaarigen Mann bekannt, der wohl sein Chef war. Der Kerl klopfte mir auf

die Schulter, ausgerechnet dahin, wo es mir nach all meinen Stürzen am meisten wehtat, aber das ließ ich mir nicht anmerken. Ich ahnte, daß mein Vater von sich aus nichts sagen würde, also tönte ich forsch: »In dem Fall hat mein Vater von Anfang an ermittelt! Jetzt wird er doch rehabilifiziert?«
Ich sah, wie sie sich zuzwinkerten, und dann lachte der weißhaarige Mann und sagte: »Ich glaube, das kann ich versprechen.« Dann sah er mich an und sagte noch: »Du hältst ja eine ganze Menge von deinem Vater, wie?«
Ich stand kerzengerade da und streckte das Kinn vor und sagte: »Er ist der beste Detektiv bei unserer Kripo!«

Das Verschwinden Mister Davenheims

Agatha Christie

Poirot und ich erwarteten unseren alten Freund, Inspektor Japp von Scotland Yard, zum Tee. Poirot war gerade damit fertig, die Tassen und Teller, die unsere Wirtin stets mehr auf den Tisch schmetterte als stellte, sorgfältig hinzustellen. Er betrachtete die silberne Teekanne, seufzte und polierte sie mit einem seidenen Taschentuch. Der Kessel stand auf dem Kocher, daneben eine kleine Emaillekanne mit dicker, süßer Schokolade, etwas, das mehr nach Poirots Geschmack war, als das, was er »euer englisches Gift« zu nennen pflegte.

Vor dem Haus ertönte eine Hupe, und wenige Minuten später betrat Japp das Zimmer.

»Hoffentlich komme ich nicht zu spät«, sagte er, als er uns begrüßte. »Ich bin bis jetzt durch ein Gespräch mit Miller, der den Davenheim-Fall bearbeitet, festgehalten worden.«

Ich spitzte die Ohren. Die Zeitungen berichteten seit drei Tagen über das merkwürdige Verschwinden von Mr. Davenheim, dem Seniorpartner von *Davenheim & Salmon,* den sehr bekannten Bankiers und Finanziers. Am vergangenen Samstag hatte er sein Haus verlassen und war seither nicht mehr gesehen worden. Ich hoffte, aus Japp einige interessante Details herauszulocken.

»Man sollte doch annehmen«, bemerkte ich, »daß es heutzutage beinahe unmöglich ist, einfach zu *verschwinden.*«

Poirot schob seinen Teller mit Brot und Butter ein wenig zurück und fragte: »Drücken Sie sich doch genauer aus, mein Freund. Was meinen Sie mit *verschwinden*?«

»Wie viele Arten von *Verschwinden* gibt es denn bei Ihnen?« lachte ich. Japp lachte auch. Poirot sah uns beide ärgerlich an.

»Verschwinden wird in drei Kategorien eingeteilt: erstens – und das ist das normalste –, das freiwillige Verschwinden. Zweitens, der viel mißbrauchte *Verlust des Erinnerungsvermögens* – zwar selten vorkommend, aber gelegentlich doch echt. Drittens Mord, verbunden mit einem mehr oder weniger erfolgreichen Verschwindenlassen der Leiche. Wollen Sie vielleicht behaupten, daß diese drei Kategorien nicht auf den Fall Davenheim angewandt werden können?«

»Ich halte es nicht für sehr wahrscheinlich. Sie könnten zwar Ihr Gedächtnis verlieren, aber irgend jemand würde Sie bestimmt erkennen – und in diesem Falle dürfen Sie nicht vergessen, daß Davenheim ein sehr bekannter Mann ist. Denn – ›Leichen‹ kann man nicht in Luft auflösen. Früher oder später tauchen sie wieder auf, an einsamen Plätzen versteckt oder in Koffern. Mord kommt immer ans Tageslicht. Genauso, wie ein Defraudant fast immer gefaßt wird. Will er ins Ausland flüchten, wird es für ihn besonders schwer, denn alle englischen Häfen und Eisenbahnstationen werden überwacht. Sein Steckbrief erscheint in der Zeitung. Unterzutauchen ist für ihn beinahe unmöglich.«

»*Mon ami*«, sagte Poirot, »Sie begehen einen Fehler. Es könnte ja sein, daß ein Mann, der sich entschlossen hat zu verschwinden – entweder allein oder mit irgend jemand –, ausnahmsweise ein intelligenter Mann mit Methode ist. Er könnte sich einen sehr sorgfältigen Plan ausgearbeitet haben, und ich sehe nicht ein, warum er nicht mit Erfolg die Polizei hinters Licht führen sollte.«

»Aber nicht *Sie*«, sagte Japp gutmütig und zwinkerte mir zu. »Sie, Monsieur Poirot, könnte er doch nicht in die Irre führen?«

Poirot versuchte vergebens, bescheiden auszusehen.

»Warum nicht? Obwohl Sie recht haben, denn ich gehe solchen Problemen exakt wissenschaftlich zu Leibe, mit mathematischer Präzision, die traurigerweise in der neuen Generation der Detektive immer seltener wird!«

Japp grinste noch mehr.

»Ich weiß nicht«, sagte er. »Miller, der Beamte, der den Fall bearbeitet, ist ein sehr fähiger Bursche. Sie können sicher sein, daß er weder einen Fußabdruck noch Zigarettenasche oder einen Brotkrümel übersieht. Seinen Augen entgeht einfach nichts.«

»*Mon Ami*«, sagte Poirot, »wie den Augen der Londoner Spatzen. Aber trotzdem würde ich so einen kleinen Vogel doch nicht bitten, das Verschwinden Mr. Davenheims aufzuklären.«

»Hören Sie, Monsieur, Sie wollen doch den Wert solcher Details nicht abstreiten?«

»Durchaus nicht. Diese Kleinigkeiten sind alle sehr nützlich. Die Gefahr ist nur, daß man ihnen zuviel Gewicht beimißt. Die meisten Details sind unwichtig; das eine oder das andere ist aber absolut lebenswichtig. Auf das Gehirn, die kleinen grauen Zellen« – er klopfte an seine Stirn – »muß man sich verlassen. Die Sinne lassen sich täuschen.«

»Sie wollen doch nicht damit sagen, Monsieur Poirot, daß Sie sich zutrauen würden, einen Fall zu lösen, ohne sich aus Ihrem Stuhl zu erheben, oder doch?«

»Genau das wollte ich sagen – vorausgesetzt allerdings, daß ich im Besitz der einschlägigen Tatsachen bin. Ich betrachte mich als beratender Spezialist!«

Japp schlug sich aufs Knie. »Ich freß' einen Besen, wenn ich Sie nicht beim Wort nehme. Ich wette fünf Pfund, daß Sie innerhalb einer Woche Mr. Davenheim weder tot noch lebendig ausfindig machen können.«

Poirot überlegte. »*Eh bien, mon ami,* ich nehme die Wette an. Sport ist ja eine große Passion von euch Engländern. Jetzt, mein lieber Japp, zu den Tatsachen.«

»Letzten Samstag nahm Mr. Davenheim wie gewöhnlich den Zwölf-Uhr-vierzig-Zug von der Viktoria-Station nach Chinnside. Dort liegt sein Landsitz *Die Zedern.* Nach dem Lunch ging er in den Park und gab seinem Gärtner noch verschiedene Anweisungen. Wie jedermann bestätigt, war er völlig normal. Nach dem Tee warf er kurz einen Blick in das Boudoir seiner Frau und sagte ihr, er ginge ins Dorf und wolle einige Briefe zur Post bringen. Er fügte noch hinzu, er erwarte Geschäftsbesuch, einen Mr. Lowen. Käme der Herr, bevor er zurück sei, solle man ihn in sein Arbeitszimmer

führen. Mr. Davenheim verließ dann das Haus durch den Haupteingang, schlenderte gemütlich die Auffahrt hinunter, aus dem Tor hinaus und – wurde nicht mehr gesehen. Und seither ist er verschwunden.«
»Hübsch – sehr hübsch –, ein reizendes kleines Problem!« murmelte Poirot. »Fahren Sie fort, mein guter Freund.«
»Ungefähr eine Viertelstunde später läutete ein großer, dunkelhaariger Mann und erklärte, daß er eine Verabredung mit Mr. Davenheim habe. Sein Name war Lowen, und er wurde, wie Mr. Davenheim gebeten hatte, in dessen Arbeitszimmer geführt. Es verging fast eine Stunde, und der Bankier kam nicht zurück. Schließlich läutete Mr. Lowen und sagte, daß er nicht länger warten könne, da er den Zug nach London erreichen müsse. Mrs. Davenheim entschuldigte die Abwesenheit ihres Gatten, die auch ihr unerklärlich schien, weil sie wußte, daß er den Besucher erwartet hatte. Mr. Lowen wiederholte sein Bedauern und ging fort.
Wie gesagt, Mr. Davenheim kehrte nicht zurück. Am Sonntagmorgen wurde die Polizei benachrichtigt, die sich aber kein rechtes Bild von der Sache machen konnte. Mr. Davenheim schien sich buchstäblich aufgelöst zu haben. Man hatte ihn weder auf der Post noch im Dorf gesehen. Die Bahnbeamten erklärten mit aller Bestimmtheit, er habe keinesfalls einen Zug benützt. Sein eigener Wagen stand in der Garage. Hätte er ein Taxi gemietet, um ihn an irgendeinem einsamen Platz abzuholen, dann hätte sich angesichts der ausgesetzten Belohnung in der Zwischenzeit bestimmt der Fahrer gemeldet. In Entfield war zwar ein kleines Rennen gewesen. Wäre er zu Fuß zum Bahnhof gegangen, hätte er möglicherweise in der Menge untertauchen können. Aber nachdem sein Bild nebst genauer Personenbeschreibung in jeder Zeitung erschienen war, hätte sich wohl irgend jemand an ihn erinnern müssen. Natürlich haben wir daraufhin aus ganz England Briefe erhalten, aber alle Hinweise waren enttäuschend.
Am Montagmorgen wurde noch eine andere sensationelle Entdeckung gemacht. Hinter einem großen Vorhang in Mr. Davenheims Arbeitszimmer steht ein Safe. Dieses war aufgebrochen

und ausgeraubt worden. Die Fenster des Zimmers waren von innen geschlossen, was einen normalen Einbruch ausschließt, falls nicht innerhalb des Hauses ein Komplice war, der sie nachträglich wieder schloß. Andererseits war der Haushalt begreiflicherweise durcheinandergeraten, und es ist möglich, daß der Diebstahl schon am Samstagabend begangen und erst am Montag entdeckt wurde.«

»*Précisément*«, sagte Poirot trocken. »Nun, haben Sie den armen Monsieur Lowen schon verhaftet?«

Japp grinste. »Noch nicht. Aber er steht unter strenger Beobachtung.«

Poirot nickte. »Haben Sie eine Ahnung, was aus dem Safe genommen worden ist?«

»Wir sind zusammen mit dem Juniorpartner der Bank und Mrs. Davenheim der Sache nachgegangen. Anscheinend Namensaktien und eine sehr große Geldsumme aus einer Transaktion, die gerade durchgeführt worden war. Auch ein kleines Vermögen an Schmuck – praktisch wurden alle Juwelen von Mrs. Davenheim in dem Safe aufbewahrt. Der Kauf von Schmuckstücken war in den letzten Jahren eine Passion ihres Mannes geworden. Kaum ein Monat verging, ohne daß er ihr nicht einen seltenen und kostbaren Stein geschenkt hätte.«

»Wirklich ein schöner Zug von ihm«, sagte Poirot. »Jetzt, wie steht's mit Lowen? Weiß man, welche Art Geschäft er mit Davenheim an diesem Abend besprechen wollte?«

»Ja, anscheinend standen die zwei Männer nicht auf bestem Fuß. Lowen ist ein ganz kleiner Spekulant. Trotzdem hat er ein- oder zweimal Davenheim auf der Börse ein Geschäft abgejagt. Sonst trafen sie sich offenbar selten. Der Anlaß dieser letzten Verabredung war eine Sache mit südamerikanischen Aktien.«

»Hatte Davenheim Interessen in Südamerika?«

»Ich glaube, Mrs. Davenheim erwähnte unter anderem, ihr Mann habe den ganzen letzten Herbst in Buenos Aires verbracht.«

»Gab es familiäre Schwierigkeiten? Stand das Ehepaar gut miteinander?«

»Ich würde sagen, das häusliche Leben der Davenheims verlief ganz friedlich. Mrs. Davenheim ist eine nette, aber nicht sehr intelligente Frau. Ganz unbedeutend, würde ich sagen.«
»Dann hat es wenig Sinn, die Lösung des Rätsels auf diesem Sektor zu suchen. Hatte er irgendwelche Feinde?«
»In Finanzkreisen hatte er viele Rivalen, und sicher gibt es eine Menge Leute, die ihm nicht gut gesonnen sind. Aber daß ein Widersacher ihn umgebracht haben sollte, ist wenig wahrscheinlich, und wenn – wo ist die Leiche?«
»Wie Hastings sagt, haben Leichen die Angewohnheit, mit unerfreulicher Hartnäckigkeit wieder ans Tageslicht zu kommen.«
»Übrigens sagte einer der Gärtner aus, er hätte eine Gestalt an der einen Seite des Hauses dem Rosengarten zugehen sehen. Mr. Davenheim betrat und verließ das Haus häufig auf diesem Weg. Aber der Gärtner arbeitete ziemlich weit entfernt an einem Gurkenbeet und kann deshalb nicht mit Bestimmtheit sagen, ob es Mr. Davenheim war oder nicht. Auch über den Zeitpunkt ist er sich nicht sicher. Es muß aber vor sechs Uhr gewesen sein, da die Gärtner um sechs Uhr Schluß machen.«
»Und wann verließ Mr. Davenheim das Haus?«
»Ungefähr um halb sechs Uhr.«
»Was liegt hinter dem Rosengarten?«
»Ein See.«
»Mit einem Badehaus?«
»Ja, dort werden einige Boote aufbewahrt. Ich vermute, Sie denken an Selbstmord? Nun, daran hat Miller auch schon gedacht. Er wird morgen den See absuchen lassen. Sie sehen, ein kluger Mann!«
Poirot lächelte schwach und drehte sich zu mir um. »Hastings, wollen Sie mir bitte die *Daily Megaphone* hergeben. Wenn ich mich recht erinnere, ist darin eine ungewöhnlich gute Fotografie von dem verschwundenen Bankier.«
Ich stand auf und gab ihm die Zeitung. Poirot studierte die Gesichtszüge sehr aufmerksam.
»Hm!« murmelte er. »Trägt die Haare ziemlich lang und gewellt,

vollen Schnurrbart und spitzen Bart, buschige Augenbrauen. Dunkle Augen?«

»Ja.«

»Haar und Bart werden schon grau?«

Der Detektiv nickte.

»Nun, Monsieur Poirot, was sagen Sie zu dem Ganzen? Klarer Fall, was?«

»Im Gegenteil, äußerst unklar.«

Japp sah sehr vergnügt aus.

»Was mir große Hoffnungen macht«, fuhr Poirot fort.

»Wie!«

»Ich finde es ganz gut, wenn ein Fall nicht von vornherein zu eindeutig ist. Ich werde sonst zu leicht mißtrauisch! Meistens steckt irgendwas dahinter.«

Japp schüttelte beinahe mitleidig den Kopf. »Nun, jeder nach seinem Geschmack. Mir ist es lieber, ich sehe die Dinge klar vor mir.«

»Ich sehe nichts«, murmelte Poirot. »Ich mache die Augen zu – ich denke.«

Japp seufzte. »Gut! Sie haben eine volle Woche Zeit, um nachzudenken.«

»Und Sie werden mich ständig auf dem laufenden halten und mir jede Kleinigkeit mitteilen – zum Beispiel die Resultate der Maßnahmen dieses hart arbeitenden und luchsäugigen Inspektors Miller?«

»Ganz bestimmt. Ich habe es Ihnen ja versprochen.«

»Es ist einfach ein Jammer«, sagte Japp zu mir, als ich ihn zur Tür begleitete. »Manchmal ist er wie ein Kind!«

So sehr ich mich auch wehrte, ich mußte ihm mit einem Lächeln zustimmen, und ich lächelte immer noch, als ich wieder ins Zimmer trat.

»*Eh bien*«! sagte Poirot sofort. »Ihr habt euch über Papa Poirot lustig gemacht, nicht wahr?« Er drohte mir mit dem Finger. »Sie haben kein Vertrauen zu den kleinen grauen Gehirnzellen? Fangen wir doch mal an, uns dieses kleine Problem durch den Kopf

gehen zu lassen – so unvollständig die Dinge auch scheinen –, aber es zeigen sich doch immerhin schon ein oder zwei interessante Ansatzpunkte.«
»Der See!« sagte ich anzüglich.
»Noch mehr das Badehaus!«
Ich schaute Poirot von der Seite her an. Er lächelte in seiner undurchsichtigen Art. Ich fühlte, im Augenblick hatte es keinen Zweck, ihm weitere Fragen zu stellen.
Von Japp hörten wir nichts mehr bis zum nächsten Abend um neun Uhr, als er uns besuchte. Ich sah an seinem Gesichtsausdruck, daß er beinahe vor lauter Neuigkeiten platzte.
»*Eh bien,* mein Freund«, bemerkte Poirot. »Geht alles gut? Aber erzählen Sie mir nur nicht, Sie hätten Mr. Davenheims Leiche in dem kleinen See gefunden, das würde ich Ihnen einfach nicht glauben.«
»Seine Leiche haben wir nicht gefunden, wohl aber seine Kleider – genau die Kleider, die er an dem fraglichen Tag trug. Was sagen Sie dazu?«
»Fehlen im Haus irgendwelche anderen Kleider?«
»Nein, der Diener ist ganz sicher. Alle anderen Kleider sind da. Aber das ist nicht alles. Wir haben Lowen verhaftet. Eines der Hausmädchen, zu dessen Pflichten es gehört, die Fenster des Schlafzimmers zu schließen, erklärte, sie hätte Lowen durch den Rosengarten auf das Arbeitszimmer zugehen sehen, ungefähr ein Viertel nach sechs. Das wäre zehn Minuten, bevor er das Haus verließ.«
»Was sagte er denn selbst dazu?«
»Zuerst leugnete er, das Arbeitszimmer überhaupt verlassen zu haben. Aber als das Mädchen auf seiner Aussage bestand, fiel ihm plötzlich ein, daß ihm eine ungewöhnliche Rosenart aufgefallen war und er schnell aus dem Fenster sprang, um sie sich anzusehen. Eine ziemlich schwache Geschichte! Außerdem haben wir noch einen Belastungspunkt gegen ihn gefunden. Mr. Davenheim trug immer einen dicken goldenen Ring mit einem gefaßten Diamanten am kleinen Finger der rechten Hand. Nun, dieser Ring wurde

Samstagnacht in London von einem Mann namens Billy Kellett versetzt! Er ist der Polizei gut bekannt – hat gerade drei Monate abgesessen, weil er einem alten Herrn die Uhr gestohlen hatte. Allem Anschein nach versuchte er erfolglos, in drei verschiedenen Geschäften den Ring loszuwerden, bis es ihm endlich gelang. Über diesen Erfolg erfreut, begoß er sich ordentlich die Nase, griff einen Polizisten tätlich an und wurde natürlich festgenommen.

Ich ging mit Miller nach Bow Street ins Gefängnis. Dort ist er natürlich schlagartig nüchtern geworden! Ich gebe zu, wir haben ihm arg zugesetzt. Wir haben ihm mit der Andeutung, daß er wegen Mordes angeklagt werden würde, panische Angst eingejagt. Danach erzählte er uns folgende reichlich sonderbare Geschichte:

Am Samstag war er auf dem Rennen in Entfield – ich möchte zwar behaupten, daß Schlipsnadeln für ihn interessanter sind als der Totalisator. Jedenfalls hatte er einen schlechten Tag. Er ging zu Fuß den Weg nach Chinnside und setzte sich in einen Graben, um sich auszuruhen. Wenige Minuten später bemerkte er einen Mann, der auf diesem Weg ins Dorf ging. ›Ein dunkelhäutiger Herr mit einem großen Schnurrbart, so ein Wichtiger aus der City‹, das ist seine Beschreibung des Mannes.

Halb verborgen hinter einem Steinhaufen, konnte Kellett vom Weg aus kaum gesehen werden. Als der Mann auf gleicher Höhe mit ihm war, sah er sich verstohlen um, und nachdem weit und breit niemand zu sehen war, faßte er in seine Tasche, zog einen kleinen Gegenstand heraus und warf ihn ins Gebüsch. Dann ging er in Richtung Bahnhof weiter. Der Gegenstand war mit einem leichten ›Klick‹ auf den Boden gefallen, und Kellett, der das Ganze beobachtet hatte, fand ihn schon nach kurzem Suchen. Es war der Ring! Lowen bestreitet allerdings heftig, daß er der Mann war. Natürlich ist die Aussage des Mannes wie Kellett nicht übermäßig glaubwürdig. Es ist ja immerhin möglich, daß er Davenheim auf der Wiese traf, ihn beraubte und ermordete.« Poirot schüttelte den Kopf.

»Sehr unwahrscheinlich, *mon ami.* Er hatte ja keine Möglichkeit, die Leiche loszuwerden. Die wäre in diesem Fall bis jetzt sicher gefunden worden. Zweitens spricht die Sorglosigkeit, mit der er den Ring versetzt hat, nicht gerade für einen Mord. Drittens ist Ihr Taschendieb wohl kein Mörder. Viertens wäre es doch zuviel Zufall, daß er eine solch genaue Beschreibung von Lowen geben kann, der doch schon seit Samstag im Gefängnis sitzt.«

Japp nickte. »Ich will nicht abstreiten, daß Sie vielleicht recht haben, aber trotzdem werden Sie kein Gericht dazu bringen, auf die Aussagen eines Galgenvogels großen Wert zu legen. Mir erscheint es jedenfalls sehr sonderbar, daß Lowen keinen besseren Weg gefunden hat, den Ring loszuwerden.«

Poirot zuckte die Schultern. »Gut, aber wäre er in der näheren Nachbarschaft gefunden worden, hätte man annehmen können, er sie von Davenheim selbst weggeworfen worden.«

»Aber wozu den Ring überhaupt wegwerfen?« rief ich aus.

»Dafür gibt es schon eine Erklärung«, sagte Japp. »Wissen Sie, jenseits des Sees führt ein kleines Tor zum Hügel, und nach drei Minuten kommen Sie – was glauben Sie? – in eine Leimbrennerei.«

»Großer Gott!« rief ich aus. »Wollen Sie damit sagen, daß der Leim zwar den Körper zerstört, aber nicht das Metall des Ringes?«

»Gerade das wollte ich sagen.«

»Mir scheint«, sagte ich, »das erklärt alles. Welch fürchterliches Verbrechen!«

Wie im gegenseitigen Einverständnis drehten wir uns beide zu Poirot um. Er stand gedankenverloren mit gefurchter Stirn und schien von einer großen, geistigen Anstrengung in Anspruch genommen. Sein Intellekt arbeitete intensiv. Zu welchem Ergebnis würde er kommen? Wir wurden nicht lange im Zweifel gelassen. Seine Spannung ließ nach, er drehte sich mit einem Seufzer zu Japp um und fragte:

»Wissen Sie, Inspektor, ob Mr. und Mrs. Davenheim ein gemeinsames Schlafzimmer haben?«

Diese Frage schien so ausgefallen, daß wir ihn einen Augenblick verdutzt anstarrten. Dann fing Japp an zu lachen. »Guter Gott, Monsieur Poirot«, sagte er. »Ich dachte, jetzt kämen Sie mit etwas ganz Besonderem. Aber Ihre Frage – die kann ich leider nicht beantworten.«
»Aber Sie können es feststellen?« fragte Poirot mit großer Eindringlichkeit.
»Oh, gewiß – wenn es Ihnen wirklich wichtig erscheint.«
»*Merci, mon ami.* Ich wäre Ihnen sehr dankbar, wenn Sie es nicht vergessen würden.«
Japp sah ihn noch eine Weile verwundert an, aber Poirot schien uns beide vergessen zu haben. Der Detektiv schüttelte traurig seinen Kopf und murmelte: »Armer, alter Bursche! Der Krieg war doch zuviel für ihn!« Dann ging er leise aus dem Zimmer.
Da Poirot noch immer in seinen Tagtraum versunken schien, nahm ich mir ein Blatt Papier und machte mir Notizen. Die Stimme meines Freundes unterbrach meine Tätigkeit. Er schien aus seinem Traum erwacht und sah munter und wachsam aus.
»*Que faites vous là, mon ami*?«
»Ich habe einige Punkte aufgeschrieben, die mir in dieser Sache wichtig vorkommen.«
»Endlich werden Sie methodisch!« sagte Poirot anerkennend.
Ich verbarg meine Freude. »Soll ich es Ihnen vorlesen?«
»Auf jeden Fall.«
Ich räusperte mich.
»Erstens: Alle Punkte weisen darauf hin, daß Lowen den Safe erbrochen hat.
Zweitens: Er hegte einen Groll gegen Davenheim.
Drittens: Seine erste Aussage, daß er das Arbeitszimmer nicht verlassen habe, war eine Lüge.
Viertens: Wenn die Geschichte von Bill Kellett stimmt, ist Lowen ohne Zweifel belastet.«
Ich machte eine Pause. »Nun?« fragte ich, denn ich dachte, daß ich meinen Finger auf alle wichtigen Punkte gelegt hatte.
Poirot sah mich bedauernd an und schüttelte seinen Kopf sehr

vorsichtig. »*Mon pauvre ami!* Das kommt eben daher, daß Sie so gar kein Talent haben! Die wichtigsten Details werden Sie nie erfassen! Und mit Ihrer Logik stimmt es auch nicht.«

»Wie?«

»Lassen Sie mich eben Ihre vier Punkte durchgehen.

Erstens: Mr. Lowen konnte nämlich nicht wissen, daß er durch die unerwartete Abwesenheit Mr. Davenheims Gelegenheit haben würde, den Safe aufzubrechen. Er kam zu einer Geschäftsbesprechung und rechnete niemals damit, im Arbeitszimmer allein zu sein.«

»Er könnte doch vielleicht die Gelegenheit wahrgenommen haben«, sagte ich.

»Und das Werkzeug? Geschäftsleute aus der City tragen nicht aufs Geratewohl Einbrecherwerkzeuge mit sich. Man konnte den Safe doch nicht mit einem Taschenmesser aufbrechen, *bien entendu*!«

»Gut, wie steht es mit Nummer zwei?«

»Sie sagen, Lowen hegte einen Groll gegen Mr. Davenheim. In Wahrheit hat Lowen jedoch Mr. Davenheim ein- oder zweimal hereingelegt. Wahrscheinlich hoffte Davenheim, selbst kräftig an diesen Transaktionen zu verdienen. Aber wie dem auch sei, man hegt keinen Groll gegen jemand, den man hereingelegt hat, eher umgekehrt. Wenn jemand einen Groll hätte, wäre es doch wohl Mr. Davenheim gewesen.«

»Gut. Sie können aber nicht leugnen, daß seine Aussage, er hätte das Arbeitszimmer nicht verlassen, gelogen war!«

»Nein, aber er konnte Angst gehabt haben. Erinnern Sie sich, daß gerade Kleider des vermißten Mannes im See gefunden worden waren. Natürlich wäre es, wie immer, besser gewesen, die Wahrheit zu sagen.«

»Und der vierte Punkt?«

»Den bewillige ich Ihnen. Wenn Kelletts Geschichte wahr ist, ist Lowen ohne Zweifel belastet. Das ist ja gerade der Punkt, der die Sache so sehr interessant macht.«

»Dann habe ich also doch einen wichtigen Punkt gefunden?«

»Vielleicht – dafür haben Sie die zwei wichtigsten Punkte völlig übersehen, diejenigen Punkte, die zweifellos die Schlüssel zu der ganzen Sache enthalten.«
»Und welche Punkte sind das, bitte sehr?«
»Erstens: die immer stärker werdende Leidenschaft Mr. Davenheims, Juwelen zu kaufen.
Zweitens: seine Reise nach Buenos Aires im letzten Herbst.«
»Poirot, Sie scherzen!«
»Nein, ich bin völlig ernst. O heiliger Himmel, hoffentlich vergißt Japp meinen kleinen Auftrag nicht!«
Aber der Inspektor hatte ihn nicht vergessen, und Poirot erhielt am nächsten Morgen gegen elf Uhr ein Telegramm. Auf seine Bitte hin öffnete ich es und las es vor:
Mann und Frau haben seit letzten Winter getrennte Schlafzimmer.
»Aha!« rief Poirot aus. »Und jetzt haben wir Mitte Juni. Alles ist sonnenklar!«
Ich starrte ihn an.
»Sie haben kein Geld auf der Bank von *Davenheim & Salmon*?«
»Nein«, sagte ich verwundert. »Warum?«
»Weil ich Ihnen raten würde, es sofort abzuheben, ehe es zu spät ist.«
»Warum? Was erwarten Sie?«
»Ich erwarte in wenigen Tagen einen großen Skandal – vielleicht auch schon eher. Da fällt mir ein, wir wollen die Liebenswürdigkeit unseres Freundes Japp erwidern. Wir wollen ihm auch einen Gefallen tun. Einen Bleistift, bitte schön, und ein Formular. *Voilà!*
Rate Ihnen, alles Geld, das bei der in Frage kommenden Firma liegt, abzuheben.
Das wird ihn beschäftigen, den Guten! Seine Augen werden ihm auf-, ja übergehen. Er wird zwar nicht das geringste begreifen – jedenfalls nicht vor morgen oder übermorgen!«
Ich blieb skeptisch, aber der nächste Tag zwang mich dazu, den bemerkenswerten Fähigkeiten meines Freundes Achtung zu zol-

len. Keine Zeitung erschien ohne eine Schlagzeile über den aufsehenerregenden Zusammenbruch der Davenheim-Bank. Das Verschwinden des berühmten Bankiers präsentierte sich auf einmal in ganz anderem Licht.
Ehe wir halbwegs zu Ende gefrühstückt hatten, flog die Tür auf, und Japp stürzte herein. In seiner linken Hand hielt er eine Zeitung, in der rechten schwang er das Telegramm von Poirot und knallte es dann auf den Tisch. »Woher wußten Sie das? Woher, zum Kuckuck, Poirot, konnten Sie das wissen?«
Poirot lächelte ihn freundlich an. »*Oh, mon ami*, nach Ihrem Telegramm gab es überhaupt keinen Zweifel mehr! Von Anfang an berührte es mich sonderbar, daß das Safe erbrochen worden war. Juwelen, bares Geld, Staatsanleihen – alles so bequem zurechtgelegt –, für wen? Nun, der gute Monsieur Davenheim ist einer von denen, die ›auf Nummer Sicher‹ gehen, wie man so sagt.« Poirot lächelte gewinnend. »Es drängte sich so auf, daß es für ihn selbst so bequem zurechtgelegt worden war! Dann seine Leidenschaft für Juwelenkäufe in den letzten Jahren! Wie einfach! Die Summen, die er ergaunerte, legte er in Juwelen an, auf diese Weise konnte er ein beträchtliches Vermögen beiseite schaffen und unter einem anderen Namen anlegen. Später, wenn Gras über die Sache gewachsen war, gedachte er, die Früchte seiner Gaunereien zu genießen.
Nachdem er sorgfältig alle Vorbereitungen getroffen hatte, ging er die Verabredung mit Mr. Lowen ein (der unvorsichtig genug gewesen war, in der Vergangenheit die Pläne des großen Mannes ein- oder zweimal zu durchkreuzen), bohrte ein Loch in den Kassenschrank, hinterließ den Befehl, den Gast in sein Arbeitszimmer zu führen, und ging aus dem Haus! Aber wohin?«
Poirot hielt inne und streckte seine Hand nach dem zweiten gekochten Ei aus. Er runzelte die Stirn. »Es ist doch wirklich unerträglich«, murmelte er, »daß jede Henne ein Ei von verschiedener Größe legt! Wie soll denn da auf dem Frühstückstisch Symmetrie herrschen?«
»Kümmern Sie sich jetzt nicht um die Eier«, sagte Japp ungedul-

dig. »Von mir aus können sie viereckig sein! Sagen Sie uns lieber, wohin unser Kunde ging, als er das Haus verließ – das heißt, falls Sie es selber wissen!«
»*Eh bien*, er ging in sein Versteck! Oh, dieser Mister Davenheim, in seinen kleinen grauen Gehirnzellen muß irgendwo eine Mißbildung sein, aber sonst sind sie von allerbester Qualität!«
»Kennen Sie sein Versteck?«
»Sicher! Es ist raffiniert ausgesucht.«
»Um Gottes willen, so schießen Sie doch los!«
Poirot sammelte alle Eierschalen auf seinem Teller zusammen und legte sie in den Eierbecher, dann stülpte er sein leeres Ei darauf. Nachdem er dieses kleine Spielchen beendet hatte, lächelte er wohlgefällig über sein Werk und strahlte uns beide liebenswürdig an.
»Kommen Sie, meine Freunde, Sie sind doch intelligente Männer. Legen Sie sich selbst die Frage vor, die ich mir vorgelegt habe. ›Wenn ich Davenheim wäre, wo würde ich mich verstecken‹? Hastings, was sagen Sie?«
»Nun, ich neige eher dazu, nicht wegzulaufen«, sagte ich. »Ich würde in London bleiben – am Brennpunkt –, nur mit der Untergrundbahn fahren und mit Omnibussen. Ich wette zehn zu eins, ich würde nicht erkannt werden. Die große Masse gibt einem eine gewisse Sicherheit.«
Poirot drehte sich fragend zu Japp um.
»Damit bin ich nicht einverstanden. Gleich weg – das ist die einzige Chance. Es war ja genügend Zeit, alles vorzubereiten. Ich hätte mir eine Yacht bereitgehalten und wäre damit nach dem ausgefallensten Winkel der Welt verduftet, ehe die ganze Sache geplatzt wäre!«
Wir beide sahen Poirot an. »Und was sagen Sie, Monsieur?«
Einen Augenblick lang schwieg er, dann ging ein sonderbares Lächeln über sein Gesicht, als er sagte: »Meine Freunde, wenn ich mich vor der Polizei verstecken müßte, wissen Sie, wo ich mich verstecken würde? In einem Gefängnis!«
»Waas?«

»Sie suchen Mr. Davenheim, um ihn einsperren zu können. Deshalb denken Sie auch nicht im Traum daran, darüber nachzudenken, ob er nicht vielleicht schon dort ist!«
»Wie meinen Sie denn das?«
»Sie haben mir gesagt, Madame Davenheim sei keine besonders intelligente Frau. Dennoch glaube ich, wenn Sie sie nach Bow Street mitnehmen und sie Billy Kellett gegenüberstellen, würde sie ihn identifizieren können. Trotz der Tatsache, daß er sich den Bart, den Schnurrbart und die buschigen Augenbrauen abrasiert und sich das Haar ganz kurz geschnitten hat. Eine Frau erkennt ihren Mann fast immer, auch wenn die ganze übrige Welt sich täuschen läßt.«
»Billy Kellett? Aber der ist der Polizei doch bekannt?«
»Sagte ich Ihnen nicht, daß Davenheim ein sehr kluger Mann ist? Er hat schon lange Zeit vorher für sein Alibi gesorgt. Er war letzten Herbst nicht in Buenos Aires – er hat die Type Billy Kellett erfunden und gespielt. ›Drei Monate absitzen‹, damit die Polizei keinen Verdacht schöpfen würde, wenn seine Zeit käme. Er spielte um ein großes Vermögen und um seine Freiheit. Das war schon einige Mühe wert! Nur . . .«
»Ja?«
»*Eh bien*, nachher mußte er einen falschen Bart und eine Perücke tragen, er mußte sich sozusagen wieder als Mr. Davenheim herrichten. Mit einem falschen Bart zu schlafen ist kein Vergnügen – und führt oft zu unliebsamer Entdeckung! Deshalb konnte er es nicht riskieren, weiterhin das Schlafzimmer mit seiner Frau zu teilen. Sie selbst haben ja festgestellt, daß er die letzten sechs Monate oder, um ganz genau zu sein, seit seiner angeblichen Rückkehr aus Buenos Aires nicht mehr im selben Schlafzimmer schlief. Da erst war ich mir sicher! Alles paßte zusammen.
Der Gärtner, der seinen Herrn gesehen zu haben glaubte – hatte recht gesehen. Sein Herr ging nämlich zum Bootshaus, zog dort seine ›Trampkleider‹ an, die er dort versteckt gehalten hatte, warf seine normalen Kleider in den See und setzte seinen Plan in Szene. Er versetzte in auffälliger Weise den Ring und griff dann einen Po-

lizeibeamten tätlich an. Damit sicherte er sich ein ruhiges Plätzchen in Bow Street; er wußte, niemand würde auch nur im Traum daran denken, ihn dort zu suchen!«
»Das ist doch nicht möglich!« murmelte Japp.
»Fragen Sie Madame!« sagte Poirot lächelnd.
Am nächsten Tag lag ein eingeschriebener Brief neben Poirots Teller. Er machte ihn auf, und eine Fünfpfundnote flatterte heraus. Mein Freund runzelte die Stirn.
»*Ah Sacré!* Was sollen wir damit machen? Ich hab' direkt Gewissensbisse. Der arme Japp! Oh, ich habe eine Idee! Wir drei, wir wollen ein nettes, kleines Dinner veranstalten! Das tröstet mich. Die Sache war wirklich zu leicht, ich schäme mich. Ich, der ich wie ein Kind bin . . .! Aber Hastings, warum lachen Sie so? Was haben Sie denn?«

Der Fluch auf der Sippe Grice-Paterson

August Derleth

»Nein, Parker«, sagte mein Freund Solar Pons unvermittelt. »Sie brauchen nicht zu befürchten, daß die Ameisen, und sei ihr Staatswesen noch so hoch entwickelt, in absehbarer Zeit die Herrschaft über die Menschheit übernehmen werden.«
»Die Aussicht ist grauenvoll«, rief ich – und hielt jäh inne. Ich wandte mich um. »Aber woher wußten Sie, was ich gerade dachte? Pons, das ist ja gespenstisch.«
»Na, na, Sie übertreiben wieder einmal. Nur eine einfache Schlußfolgerung. Sie lesen da die großartigen phantastischen Erzählungen von H.G. Wells. Als ich Sie soeben beobachtete, wie Sie eine Ameise an der Fensterscheibe mit einem Ausdruck anstarrten, den man nur als Entsetzen bezeichnen kann, lag der Schluß nicht fern, daß Sie zuletzt ›Das Reich der Ameisen‹ lasen.«
»Zugegeben, das war nun wirklich einfach.«
»Wie eben scheinbar komplizierte Dinge fast immer einfach sind.« Er machte eine Handbewegung zu den Fenstern hin. »Würden Sie bitte die Vorhänge zuziehen, Parker?«
Ich ging durchs Zimmer, um uns das Wetter aus den Augen zu schaffen. An den Scheiben wisperte unablässig der Regen, und von der Straße drang hin und wieder das Geräusch der durch aufspritzendes Wasser preschenden Fahrzeuge herein. Der warme Spätsommerregen fiel nun schon fast den ganzen Tag über und hatte London mittlerweile in trüben Nebel gehüllt. Jetzt dämmerte der Abend, und gelber Lichtschein zeigte sich matt in Fenstern und längs der Straße.
»Sagen Sie, Parker, fällt Ihnen zu dem Namen Oberst Grice-Pa-

terson – Sir Ronald Grice-Paterson – irgend etwas ein?« fragte Pons, als ich wieder zu ihm trat.

»Allenfalls dies, daß er nach meiner Erinnerung Generalgouverneur einer britischen Besitzung war. Malaya, glaube ich.«

»Ganz richtig.« Pons streckte seinen mageren Arm aus, nahm einen Briefumschlag vom Kaminsims und hielt ihn mir hin. Ich griff danach, entfaltete den Bogen, der darinsteckte, und warf einen Blick darauf.

»Aha, von einer Frau«, sagte ich. »Sie benutzt ein sehr eigenartiges Parfüm.«

»Moschus.«

»›Werter Mr. Pons‹«, las ich, »›Gegen den Wunsch meiner Familie wende ich mich an Sie mit der Bitte, mich morgen abend um acht Uhr in einer außerordentlich dringenden Angelegenheit zu empfangen, die den Fluch auf unserer unglückseligen Sippe betrifft‹.« Die Unterschrift lautete »Edith Grice-Paterson«. Ich sah auf. »Seine Tochter?«

»Meines Wissens starb die Tochter des Obersten schon vor ihm. Die Enkelin vielleicht. Was sagt Ihnen die Briefmarke?«

Ich schaute mir den Umschlag an. Die Marke war zwar britisch, nicht aber der Poststempel; er lautete »Insel Uffa«, und im Kreismittelpunkt trug er die Initialen »G.P.«

»Wo in aller Welt liegt denn Uffa?« fragte ich.

»Oh, Parker, ich fürchte, meine Geographiekenntnisse reichen für diese Auskunft nicht aus. Aber ich glaube mich zu erinnern, daß Grice-Paterson nach der Pensionierung als Wohnsitz für seinen Lebensabend eine Insel im Familienbesitz wählte, die zwar britisches Gebiet, aber weitgehend autonom ist. Wenn mich mein Gedächtnis nicht trügt, liegt sie irgendwo vor der Küste von Cornwall, östlich der Scilly-Inseln. Ihr Status ähnelt meines Wissens dem der nahezu legendären Insel Redonda, die über Jahrzehnte zwar staatsrechtlich von Großbritannien abhängig, aber ein selbstregiertes kleines Königreich war. Uffa allerdings liegt nahe bei England, wogegen Redonda zu den Leeward-Inseln in Britisch-Westindien gehört.«

»Beides entzog sich bislang meiner Kenntnis.«
»Sie haben es eben nie darauf angelegt, sich Kenntnis davon zu verschaffen.«
Ich befaßte mich wieder mit dem Brief. »Die Schreiberin war ziemlich erregt.«
»Das nimmt mich kaum wunder. Die Zeitungen brachten vor kaum einer Woche eine kurze Meldung über den tot aufgefundenen Leutnant Austen Hanwell, der wie berichtet ihr Verlobter war. Sein Tod war von gewissen rätselhaften Umständen begleitet. Warten Sie, ich habe die Nachricht wohl ausgeschnitten.«
Pons öffnete eines seiner mächtigen Sammelalben, das zwischen Zeitungen auf dem Tisch lag. Aus einer Anzahl lose beigelegter Ausschnitte, die seinem kriminalistischen Archiv zwischen den Buchdeckeln noch nicht einverleibt waren, suchte er einen heraus.
»Ja, da haben wir es.«
Ich trat zu ihm und beugte mich ebenfalls über den Tisch. Die Meldung war wirklich recht kurz. »Tragischer Todesfall«, lautete die knappe Überschrift. »Auf Uffa wurde gestern früh Leutnant Austen Hanwell, 27, in seinem Arbeitszimmer in ›The Creepers‹, dem Wohnsitz seiner Verlobten, Miss Edith Grice-Paterson, tot aufgefunden. Offenbar war der Tod durch Ersticken oder Erdrosseln eingetreten, doch die amtsärztliche Untersuchung erbrachte keinerlei Beweis für ein Verbrechen. Leutnant Hanwell stammte aus Brighton. Sein Tod ist der dritte Fall in der Reihe tragischer Verluste, von denen die Familie des verstorbenen Obersten Ronald Grice-Paterson heimgesucht wurde.«
»Die Vorsicht gebietet, nicht gleich einen Mordverdacht auszusprechen«, stellte ich fest.
»Das kann man wohl sagen!« bekräftigte Pons. »Hier liegt mehr vor, als die Presse preiszugeben bereit ist. Vielleicht kann uns unsere Klientin hierzu noch Erhellendes mitteilen. Ich höre unten einen Wagen anhalten, und da der in ihrem Brief angegebene Zeitpunkt soeben verstrichen ist, handelt es sich zweifelsohne um sie.«

Wenige Augenblicke später stand unsere Klientin vor uns. Sie war eine hochgewachsene, gertenschlanke junge Dame, der ausgeprägte Typus der Blondine, mit leuchtend blauen Augen. Obwohl ihr eine gewisse Verzagtheit anzumerken war, erweckte sie doch den Eindruck unbeugsamer Entschlossenheit. Sie war ganz schwarz gekleidet und in einen weiten Umhang gehüllt, der sie vor Wind und Regen schützte. Als sie dann den Umhang abgelegt hatte, bot sie das Bild einer noch jugendlichen, indessen nicht mehr allzuweit von der alten Jungfer entfernten Frau, so nüchtern und unfroh wirkte sie.

Sie übersah geflissentlich den Stuhl, den Pons für sie zurechtstellte, und brach sogleich in einen Redestrom aus. »Mr. Pons, ich habe sonst niemanden, an den ich mich wenden könnte. Die Polizei von Helston hat sich für nicht zuständig erklärt mit der Begründung, Uffa habe eine Selbstregierung und unser Status gegenüber Großbritannien sei niemals klar geregelt worden. Das ist freilich Unsinn – wir gehören zu England –, aber sie haben nun einmal gewisse triftige Gründe für ihre zurückhaltende Einstellung. Dessenungeachtet bin ich entschlossen, dem Fluch, der auf unserem Hause lastet, so lange ich zurückdenken kann, ein Ende zu machen.« Obgleich sie sich beim Sprechen sichtlich beherrschen mußte, war ihr felsenfester Entschluß nicht anzuzweifeln. Sie legte eine wirkungsvolle Pause ein und fuhr dann fort: »Mr. Pons, in den letzten elf Jahren sind unter unserem Dach drei Menschen auf sehr befremdliche Weise ums Leben gekommen, unter Umständen, die stark auf Mord hindeuten – doch wenn dies zutreffen sollte, dann handelt es sich um Mord ohne Sinn und ohne Motiv, um Mord, den die Obrigkeit nicht ohne weiteres als solchen anerkennt.«

Sie schritt vor dem Kamin auf und ab, wobei sie in großer Erregung, die sie mühsam zu bändigen suchte, unablässig die Hände schloß und öffnete.

»Bitte fassen Sie sich, gnädige Frau«, sagte Pons ruhig. »Sie sind die Enkelin des verstorbenen Sir Ronald Grice-Paterson?«

»Jawohl. ›The Creepers‹ ist mein Haus.«

»Der verstorbene Oberst hatte zwei Söhne und eine Tochter?«
Unsere Klientin hielt kurz den Atem an und verkrampfte die Hände.

»Seine beiden Söhne waren das erste und das zweite Opfer des Fluchs, der sich unserer Familie bemächtigt hat, Mr. Pons. Meine Tante, die Schwester meines Vaters, starb schon in jungen Jahren. Meine Mutter ist auf See tödlich verunglückt. Von unserer ganzen Familie sind nur noch meine zwei Brüder und ich am Leben. Beide sind jünger als ich, und gegenwärtig wohnen sie noch bei mir in ›The Creepers‹.

Mein Großvater starb vor elf Jahren, und der Familienbesitz – also die Insel Uffa – ging auf seine drei Kinder über. Meine Tante und der Onkel hinterließen keine Nachkommen; folglich fiel der Besitz meinem Vater zu. Er wiederum kam auf ebenso rätselhafte Weise ums Leben wie zuvor sein Bruder und nun mein armer Austen, und zwar noch vor Ablauf des ersten Jahres, als er von London hierher übergesiedelt war, um Uffa zu übernehmen. Zu der Zeit, als der Großvater starb, lebte keines seiner Kinder in dem Haus; er war ein Einzelgänger, von Natur sehr in sich gekehrt und mit einer ausgeprägten Anlage zum Menschenfeind. Er lebte ganz allein, nur mit einem Diener, und wollte selbst von Besuchen seiner Kinder nicht viel wissen. Er beschäftigte sich ausschließlich mit dem Schreiben seiner Lebenserinnerungen, die niemals veröffentlicht wurden, und mit hingebungsvoll betriebener Gartenarbeit. Während er mit mir eine Ausnahme machte oder doch diesen Anschein erweckte, indem er bei unseren Besuchen auf Uffa zu der Zeit, als mein Vater in London tätig war, eine gewisse Zuneigung mir gegenüber an den Tag legte, war er zu allen anderen unbeherrscht grob und widerwärtig.«

Pons saß einen Augenblick schweigend da, die Fingerspitzen gegeneinandergelegt, ein schwer zu deutendes Lächeln auf den dünnen Lippen. »Wollen Sie uns etwas von dem – dem ›Fluch‹, wie Sie es wohl nannten, erzählen?« fragte er dann unvermittelt.

»Ja, gewiß, Mr. Pons, so gut ich es vermag«, sagte unsere Besucherin. »Es begann – nein, ich sollte es eher so sagen: zum Bewußtsein kam es mir erstmals etwa ein Jahr nach Großvaters Tod. Ich war damals siebzehn. Das Haus meines Großvaters hatte auf mich immer sehr düster gewirkt – er hatte nämlich ringsum Gewächse und Bäume aller Art gepflanzt, und die Mauern waren über und über mit Kletterpflanzen bewachsen, die dem Haus seinen Namen ›The Creepers‹ verliehen. Wir kamen auch nicht oft zu Besuch. Doch zu diesem Anlaß – meinem siebzehnten Geburtstag – reisten wir von London aus hin, um eine Woche bei meinem Onkel Sydney zu verbringen.

Es war ungefähr um diese Jahreszeit. Mein Onkel war munter und gutgelaunt, obwohl mein Vater und seine Geschwister nicht ausgesprochen liebevoll miteinander umzugehen pflegten. Wie gesagt, galt dies auch für die Beziehung zwischen meinem Großvater und seinen Kindern. Am Morgen des zweiten Tages unseres Aufenthaltes kam mein Onkel nicht zum Frühstück herunter. Als mein Vater und ein Diener nachsehen wollten, was ihn abhielt, fanden sie ihn auf dem Fußboden ausgestreckt – tot. Mr. Pons, er war auf ganz ungewöhnliche Art erdrosselt worden. Am Hals und im Gesicht und überdies an Armen, Rücken und Brust waren eigenartige Quetschungen zu finden. Allem Anschein nach hatte ein heftiger Kampf stattgefunden, aber der Raum war abgeschlossen, und der Schlüssel steckte innen im Schloß, und obwohl das Fenster offenstand, deutete doch nichts darauf hin, daß jemand in das Fenster im zweiten Stockwerk eingestiegen war – sei es mit einer Leiter oder über die Schlinggewächse an dieser Hauswand.

Der ärztliche Befund hörte sich nicht überzeugend an; er lautete nicht auf Tod durch Erdrosseln, sondern Tod durch Unfall. Der Arzt vermutete, er habe plötzlich einen Anfall erlitten, und obgleich von dem einzigen Polizisten auf der Insel oberflächliche Nachforschungen angestellt wurden, war nichts zu ermitteln, das als Beweismaterial tauglich war. Kein fremdes Schiff hatte auf Uffa angelegt, keiner hatte einen Grund, Onkel Sydney den Tod zu wünschen, und mein Vater, dem der Anteil meines Onkels an Uffa zufiel, besaß aus finanziellen Beteiligungen und Investitionen in London weit mehr eigenes Vermögen.«

Unsere Klientin rang sichtlich um Selbstbeherrschung. Die seelische Belastung war ihr noch deutlich anzumerken, und unverkennbar hatte sie sich mühsam zu der Reise aufgerafft, um meinen Gefährten zu Rate zu ziehen. »Mr. Pons, meinen Onkel habe ich nicht im Tode gesehen, aber meinen Vater, fast auf den Tag sieben Jahre später, in genau der gleichen Verfassung, und nun – Gott erbarme sich unser! – habe ich meinen Verlobten gesehen, in gleicher Weise umgebracht – alle völlig grundlos, als sei dies die Tat eines rächenden Gottes! Mr. Pons, unsere Familie – unser Haus – unser Uffa ist verflucht! Meine Brüder bedrängen mich nun, ich solle das Haus verkaufen, Uffa verlassen und nach England übersiedeln. Das widerstrebt mir, denn ich bin innerlich stark mit unserer Insel verbunden. Und ohnehin darf ich auf keinen Fall verkaufen, solange ich nicht sicher sein kann, daß nur wir Grice-Patersons und die uns Nahestehenden diesem schrecklichen Fluch zum Opfer fallen, der kein Ende zu nehmen scheint.«
»Muß ich aus Ihren Worten schließen, daß sich all diese Todesfälle im selben Raum ereigneten, Miss Grice-Paterson?« fragte Pons.
»Nein, Mr. Pons. Mein Onkel und mein Vater starben im selben Zimmer im zweiten Stockwerk. Mein Verlobter aber wurde im Erdgeschoß aufgefunden, in dem Arbeitszimmer unmittelbar unter diesem Raum. Er hatte am Abend noch lange gelesen und war offenbar darüber eingeschlafen. Die Begleitumstände beim Tod meines Vaters und meines Onkels waren auffallend ähnlich – das heißt, die Tür war abgeschlossen, und die offenen Fenster wiesen keine Spuren eines Eindringlings auf. Bei meinem Verlobten war die Tür angelehnt, aber nirgends fanden sich Fingerabdrücke oder sonstige Spuren. Am Hals hatte er die gleichen Würgemale ...«
»Pons!« rief ich plötzlich, von lebhafter Erinnerung durchzuckt. »Malaya – ein gedungener Mörder!«
Unsere Klientin warf einen raschen, bestürzten Blick in meine Richtung, und dann schaute sie fragend wieder zu Pons hinüber.
»Bitte seien Sie Dr. Parker nicht gram, Miss Grice-Paterson. Er

liest mit Leidenschaft die Heldentaten des Dr. Fu Manchu, der sich zur Ausführung seiner Mordpläne indonesischer Berufsmörder bedient.«

»Ja, machen Sie sich nur über mich lustig«, erwiderte ich aufgebracht, »aber es ist durchaus im Rahmen des Möglichen, daß der einstige Generalgouverneur von Malaya ein geheiligtes Kleinod mit sich genommen hatte, dessen Rückeroberung diese seltsamen Todesfälle zur Folge hatte.«

»Im Rahmen des Möglichen vielleicht, aber gewiß jenseits aller Wahrscheinlichkeit«, hielt Pons dagegen.

Unsere Klientin fingerte an einer eigenartig gestalteten Goldbrosche an ihrem Hals herum, einen nachdenklichen Ausdruck auf dem reizvollen Antlitz. »Ich hörte zwar meinen Großvater oft von den Geheimnissen Malayas reden – von seltsamen Sitten und unglaublichen Vorfällen, wie man sie aus dem alten Brauchtum der Eingeborenen erfahren kann – aber ich bin ganz sicher, daß er nicht der Mann war, der sich mit irgend etwas, das nicht sein Eigentum war, davongemacht hätte. Er war zweifellos in vieler Hinsicht ein Leuteschinder, und jeder Zoll ein typisch britischer Kolonialbeamter, davon bin ich überzeugt – aber, Mr. Pons, ein Dieb war er nicht.«

»Ich bin durchaus geneigt, Ihnen hierin zuzustimmen, da mir über die Vergangenheit Ihres Großvaters einiges bekannt ist«, sagte Pons beschwichtigend, indem er mir mit einem Blick Schweigen gebot. »Ließe es sich ermöglichen, daß ich und Dr. Parker die Leiche von Leutnant Hanwell untersuchen?«

Unsere Klientin biß sich auf die Lippen, und ein gequälter Ausdruck trat in ihr Gesicht. »Mr. Pons, man hat ihn bereits in den Sarg gelegt, und morgen werden wir seine sterblichen Überreste nach Brighton überführen. Halten Sie es für notwendig?«

»Es könnte von Nutzen sein«, erwiderte Pons.

»Nun gut, wenn wir unverzüglich abfahren – mein Wagen steht unten, und in Penzance wartet ein Boot, das uns nach Uffa bringen wird –, dann könnte es noch möglich sein, Ihrem Wunsch zu entsprechen, ehe der Sarg verladen wird.«

»Großartig! Dann fahren wir sofort los.«
Pons sprang auf die Füße, warf seinen purpurroten Hausmantel ab, schleuderte die Hausschuhe von sich und war im Nu reisefertig, angetan mit Jagdmütze, Capemantel und allem, nachdem er seine gewohnte Behendigkeit aufgeboten und es obendrein zuwege gebracht hatte, mir wegen meiner Schwerfälligkeit die Hölle heiß zu machen. An unsere Klientin wandte er sich erst wieder, als wir es uns in ihrem Wagen, einem eleganten Rolls-Royce mit Chauffeur, bequem gemacht hatten.
»Sagen Sie, Miss Grice-Paterson, hatte es in ›The Creepers‹ schon jemals ähnliche mißhellige Vorkommnisse gegeben?«
In dem dunklen Wagen war das empfindsame Gesicht unserer Klientin nur dann und wann beim Schein einer Straßenlampe zu sehen. Offenbar ließ sie sich Pons' Frage durch den Kopf gehen, ehe sie antwortete.
»Das ist mir nicht bekannt, Mr. Pons. Vielleicht wären, gemessen am Alltag in einer normalen Vorstadtvilla oder einem ähnlichen Landhaus, gewisse Vorkommnisse in ›The Creepers‹ seltsam zu nennen – zum Beispiel die Tatsache, daß wir keine Hunde halten können.«
»Oh, und wie kommt dies?«
»Sie sterben, Mr. Pons. Obwohl die Temperatur bei uns im Winter selten unter zehn Grad fällt und im Sommer nicht oft über fünfundzwanzig Grad ansteigt, waren unsere Hunde nicht imstande, in ›The Creepers‹ ein Jahr durchzuhalten. Im Verlauf der letzten zehn Jahre haben wir nicht weniger als sieben Tiere verloren. Übrigens lauter verschiedene Rassen. Auch an zwei Katzen, wohlgemerkt, erwies sich dieses Unvermögen, auf Uffa zu überleben.«
»Ist das auf der Insel allgemein verbreitet?«
»Nun, wenn ich es mir recht überlege – nein. Ein Pächter am anderen Ende der Insel hält sich einen Hund. Einen alten Schäferhund. Der leidet anscheinend nicht unter der Atmosphäre auf Uffa. Vielleicht ist er eine Ausnahme. Doch andererseits kann es auch an der Atmosphäre von ›The Creepers‹ liegen. Das bringt mich nun auf einen weiteren Vorfall der Art, wonach Sie sich er-

kundigen – jene Nacht voller Duft, als die ganze Insel von zauberischem, sinnenverwirrendem Duft durchzogen schien, aufdringlich wie Heliotrop und schwindelerregend. Das kam natürlich von einer der seltenen Pflanzen meines verstorbenen Großvaters, die nach vielen Jahren der Unfruchtbarkeit zum Blühen gekommen war.

Dann ist da noch – wozu es verheimlichen – das eigenartige Gewisper der Blätter, die selbst in ganz windstillen Nächten einander zu liebkosen scheinen. Oh, Mr. Pons – wie kann ich von diesen Dingen reden, die so ganz zu unserem Haus und zum Leben auf Uffa gehören, während ich durch diesen Fluch auf der Familie Grice-Paterson noch so belastet bin? Wie soll ich jemals wieder den August überstehen? Ich werde niemals mehr den Sommer auf Uffa zubringen.«

Sie sprach heftig bewegt und mit Entschlossenheit.

»Aber Sie leben nicht allein in ›The Creepers‹?«

»Nein, Mr. Pons. Meine Brüder Avery und Richard wohnen auch dort. Mrs. Flora Brinton ist die Köchin. Aram Malvaides ist ein alter treuer Diener, der viele Jahre lang Bursche bei meinem Großvater war. Er ist der Gärtner, und er hat noch einen Helfer, der an manchen Tagen vom Festland herüberkommt. Dann gibt es noch etliche Dienstboten, die Mrs. Brinton oder Aram unterstellt sind.«

»Sie haben nichts davon erwähnt, daß Sie anläßlich eines der drei unglückseligen Todesfälle irgendeinen Schrei hörten, Miss Grice-Paterson.«

»Niemand hörte etwas. Die Verbrechen ereigneten sich spätnachts, offenbar nachdem die Opfer eingeschlafen waren.«

»Aber es gab in jedem Fall Anzeichen für einen Kampf?«

»Ja, Mr. Pons.«

»Erscheint es Ihnen nicht sonderbar, daß niemand schrie, daß nichts von diesem Kampf zu hören war?«

»Nein, Mr. Pons. ›The Creepers‹ hat den Grundriß eines T mit kurzem Längsbalken. Die Familie schläft üblicherweise im Westflügel, also dem linken Arm des T, wogegen die Gästezimmer und

Winterquartiere im Ostflügel liegen. Der eine Trakt ist vom anderen durch die ganze Länge des Gebäudes getrennt. Selbst wenn jemand geschrien haben sollte, hätte das nicht unbedingt jemand von uns hören müssen. Aber da schrie niemand, denn die Dienstboten hätten doch sicherlich einen solchen Schrei gehört.«

Pons sandte mir ein rasches, nicht zu deutendes Lächeln und verfiel dann in Schweigen. Ein- oder zweimal erhaschte ich einen Blick auf seine raubvogelgleichen, dem äußeren Anschein nach entspannten Züge, doch bald lag London mit dem gelegentlich aufblinkenden Lampenschein hinter uns, und wir fuhren in der Dunkelheit über Land nach Südosten.

Im Morgengrauen verließen wir das Dartmoor und kamen nach Cornwall, und bald darauf bot sich uns immer wieder ein rascher Blick auf eines der schönsten Gesichter Englands – die Küste von Cornwall, erst um Truro, dann Camborne und schließlich Penzance, wo uns tatsächlich ein Boot erwartete – immerhin eine kleine Yacht. Uffa jedoch ließ sich vom Festland aus nicht blicken; unsere Klientin erklärte uns, es liege jenseits des Horizonts. Ihr Wagen wurde in Penzance untergestellt, da er auf Uffa kaum von Nutzen gewesen wäre. Es gab dort außer ›The Creepers‹ und dem umgebenden Anwesen nur eine kleine Ansiedlung, obwohl die ganze Insel Grundbesitz der Familie Grice-Paterson war, unverändert seit zwei Jahrhunderten.

Der Morgen war nebelfrei, und bald stieg Uffa aus der See gleich einem Traum, der Gestalt annimmt, gleich dem sagenhaften Lyonesse, ganz begrünt außer etlichen Felsen längs einer der Küsten und einer Gruppe weißer Flecken, dem kleinen Fischerdorf am unmittelbar gegenüberliegenden Ufer. Dort legten wir an. Eine Kutsche, gelenkt von einem mürrischen, dunkelhäutigen alten Mann erwartete uns.

»Das ist Aram, Mr. Pons«, sagte Miss Grice-Paterson.

Aram blickte uns mit unmißverständlichem, finsterstem Mißtrauen an. Seine Haltung war reserviert und unfreundlich.

»Ich weiß nicht, was meine Brüder sagen werden«, fuhr unsere Klientin fort, als wir in den Wagen stiegen. »Vielleicht sind sie unhöflich. In diesem Fall hoffe ich, daß Sie es ihnen nachsehen werden. Schließlich bin ich hier die Herrin, und mir kommt jede Entscheidung zu. Sie haben sich Ihrem Besuch widersetzt – sie scheuen, wie sie es ausdrücken, ›jeden weiteren Skandal‹.«

»Warten wir es ab«, sagte Pons unbeirrt.

Tatsächlich mißfiel den Brüdern unser Anblick so sehr, daß sie unverhüllte Schroffheit an den Tag legten. Avery, der ältere, war lediglich ein Jahr jünger als seine Schwester; er war ein dunkelhaariger Koloß von einem Mann, ebenso ungeschlacht wie unsere Klientin wohlgestaltet war, mit den Schultern eines Berufsringers. Richard war so blond wie der Bruder dunkel, und im Vergleich zu Averys massigem Körper leicht gebaut. Bei der Vorstellung waren sie beide alles andere als höflich und zuvorkommend; sie ließen sich nicht dazu herbei, die wenigen Fragen zu beantworten, die Pons ihnen stellte.

Wir befreiten sie rasch von unserer Gegenwart, denn Pons wollte unbedingt die Leiche von Leutnant Austen Hanwell inspizieren, ehe sie weggebracht wurde. Wir folgten daher unserer Klientin vom Hause aus durch die mit Unkraut überwucherten Rasenflächen und Gärten im Osten der weitläufigen Ansiedlung, an den leerstehenden Hundezwingern vorbei, bis hin zu der alten steinernen Familiengruft, wo der Sarg mit der Leiche darauf harrte, amtlicherseits versiegelt zu werden, ehe er an Bord des Schiffes genommen wurde.

»Verzeihen Sie«, sagte Miss Grice-Paterson an der schweren Eisenpforte. »Ich ertrage es nicht, ihn noch einmal zu sehen. Ich werde hier am Weg warten.«

Der Sarg stand unweit vom Eingang. Pons ließ die Tür angelehnt, und so reichte das Licht von der Tür her vollauf, obschon Pons auch seine Taschenlampe mitgebracht hatte. Ohne Zaudern hob er den Sargdeckel und enthüllte ein gutgeschnittenes Gesicht mit Oberlippenbart, ein Gesicht, das noch jünger wirkte, als jener Mann tatsächlich war. Doch das Gesicht und – nach Zurückschieben der Kleidung – der Hals wiesen noch die bläulich verfärbten Male auf, die uns unsere Klientin geschildert hatte.

»Ihre Domäne, Parker, möchte ich meinen«, sagte Pons, während er die Lampe nahe an die Haut des Toten hielt.
Ich untersuchte die Male mit größter Sorgfalt, obgleich es mir sehr zum Nachteil gereichte, daß seit dem Vorfall bereits zwei Tage verstrichen waren. Doch was ich sah, ließ keinen Zweifel aufkommen, und als ich meine Untersuchung beendet hatte, brachte ich es klar zum Ausdruck.
»Das sind Spuren von dünnen, aber festen Stricken, die kraftvoll zugezogen wurden.«
»Kraftvoll genug als Todesursache?«
»Nach meiner Ansicht, ja.«
»Und außer diesen Spuren sind keine Verletzungen festzustellen?«
»Nur an den Druckstellen selbst. Hier und da kleine Abschürfungen, die von rauhen Stellen an den Stricken herrühren können. Tun Sie sich keinen Zwang an, Pons, und machen Sie sich getrost über mich lustig, aber wenn dies nicht das Werk eines jener indonesischen Mörder ist, sollte mich das doch sehr wundern.«
Pons schwieg eine Zeitlang. Er beugte sich vor, um die Male selbst zu untersuchen. Als er sich wieder aufrichtete, erwiderte er mit ernstem Blick: »Ich fürchte, mein Lieber, wir haben hier etwas weit Schlimmeres als Ihren Malaien. Schauen Sie doch noch einmal hin. Sind diese Hautverletzungen nicht regelrechte Einstiche?«
Ich hob abwehrend die Hände. »Das läuft doch auf dasselbe hinaus.«
Pons schloß den Sarg und trat zur Seite, um mich vorüberzulassen.
Wir fanden unsere Klientin ein kleines Stück abseits der Gruft. In der Ferne hinter ihr näherten sich in geschlossener Formation vier Männer vom Schiff, das im Hafen lag, vorneweg ein uniformierter Beamter, unverkennbar von der Polizei. Miss Grice-Paterson indessen vermied ein Zusammentreffen, indem sie in einen Seitenweg trat.
»Ich will Sie vor das Zimmer führen, wo mein Verlobter gefunden

wurde«, sagte sie. Und gleich darauf wies sie auf die Ostseite des Hauses, ein einziges, gewaltig wucherndes Gewirr von Schlinggewächsen. »Sehen Sie, das sind die Fenster – die beiden hier. Und unmittelbar darüber sind die Fenster des anderen Zimmers, in dem mein Onkel und mein Vater ums Leben gekommen sind.«
Rings um die Fensteröffnungen prangten üppig karminrote Blüten von eigenartiger Schönheit, die Zierde jener die Mauer des Gebäudes bedeckenden Kletterpflanzen. Im hellen Morgensonnenschein hatte ihr Anblick freilich wenig mit dem namenlosen Entsetzen gemein, das unmittelbar hinter ihnen hereingebrochen war.
Pons verhielt einen Augenblick, schritt dann hinüber und roch an einer Blüte. Von seinem Standort bei den Fenstern, wo er aufmerksam das Erdreich darunter betrachtete, fragte er: »Falls Ihnen etwas zustoßen sollte, Miss Grice-Paterson, wer wird dann den Besitz erben?«
»Mein Bruder Avery.«
»Und nach ihm?«
»Mein Bruder Richard.«
»Und wer dann?«
Miss Grice-Paterson sah Pons verdutzt an. »Wie sonderbar, daß Sie danach fragen, Mr. Pons! Oder wußten Sie etwa von dem merkwürdigen Testament meines Großvaters? Sollte eine Katastrophe unsere Familie auslöschen, so fällt der ganze Besitz dem alten Aram zu. Wir haben sonst keine nahen Verwandten. Mein Großvater hatte in Malaya einen Bruder bei sich, doch dieser kam bei einem Unglücksfall ums Leben. Und dessen einziger Sohn fiel einer jener rätselhaften Krankheiten Indonesiens zum Opfer, während er ebenfalls beim Stab meines Großvaters arbeitete. Ich sagte Ihnen ja schon«, schloß sie bitter, »daß auf unserer Familie ein schrecklicher Fluch lastet – ich versichere Ihnen ernsthaft, daß ich nicht übertrieben habe.«
»Ich glaube Ihnen«, erwiderte Pons. »Sagen Sie mir – falls es Ihnen bekannt ist –, wie war die Beziehung zwischen Ihrem Großvater und seinem Bruder und Neffen?«

Sie zuckte die Achseln. »Darüber kann ich nur sagen, was man mir erzählt hat. Großvater war ein harter Mann. Angeblich hatte er sich nach dem Tod meiner Großmutter sehr verändert.«
»Wurde auch sie ein Opfer des Fluchs?«
»Oh, das hängt alles zusammen, Mr. Pons«, rief sie erregt. »Großmutter ist bei einer Familiengeburtstagsfeier tödlich verunglückt. Danach brach Großvater völlig zusammen. Tagelang brütete er vor sich hin, und nie wieder ging er aus sich heraus – es sei denn später als jähzorniger alter Mann voller Haß auf die ganze Menschheit.«
»Aha. Nun wollen wir uns das Zimmer ansehen, in dem Leutnant Hanwell ums Leben kam.«
Noch einmal ertrugen wir stoisch die finsteren Mienen von Avery und Richard Grice-Paterson, als wir auf dem Weg zum Ostflügel den vorderen Teil des Hauses durchquerten. Das Zimmer, worin man Leutnant Hanwell tot aufgefunden hatte, war sehr geräumig, mit Ausnahme einer Wand ganz von Bücherregalen gesäumt und gut geschnitten, um dem Gast, der sich diese Stätte erwählt hatte, den Aufenthalt so angenehm wie möglich zu machen. Unsere Klientin wies auf einen bequemen alten Ledersessel zwischen einer Stehlampe mit Tisch und einem der Fenster.
»Austen hatte anscheinend hier gelesen und war darüber eingeschlafen. Zwischen Sessel und Fenster hat man ihn gefunden. Der Sessel war zur Seite gestoßen worden, der Tisch ein wenig verschoben. Die Lampe war umgestürzt, sie brannte noch, als wir ihn fanden.«
»Und das Fenster war offen?«
»Ja, Mr. Pons. Unsere Fenster haben keine Fliegengitter, weil wir hier mit Insekten keinerlei Probleme haben.«
»Also hätte sich jedermann auf diesem Weg Zutritt in das Zimmer verschaffen können?«
»Für ein derartiges Eindringen gab es kein Anzeichen.«
»Nun, immerhin war das Fenster offen.«
»Aber wer sollte ein Motiv für ein solches Vorgehen haben, Mr. Pons?«

»Oh, Miss Grice-Paterson, das wage ich nicht zu äußern. Doch nehmen wir an, daß jemandem daran gelegen war, Ihre Heirat zu verhindern.«
»Wieso das?«
»Um jeglicher Änderung der Erbfolge zuvorzukommen. Oder gehe ich fehl in der Annahme, daß Ihre Heirat die testamentarischen Verfügungen Ihres Großvaters ändern würde?«
Sie errötete kurz und sah zu Boden. »Nein, Mr. Pons«, sagte sie mit kaum vernehmlicher Stimme. »Der Besitz würde dann meinem ältesten Kind zufallen.«
»Und was die fehlenden Anzeichen für ein Eindringen durchs Fenster betrifft . . .« begann Pons.
»Ein erfahrener Mörder könnte das bewerkstelligen, ohne die geringste Spur zu hinterlassen«, merkte ich schroff an.
Pons überging dies ohne Wimpernzucken. »Und das Schlafzimmer von Leutnant Hanwell war der darüberliegende Raum?« erkundigte er sich.
»O nein, Mr. Pons. Austen schlief im Westflügel, wo wir alle schlafen. Den Ostflügel benutzen wir selten, außer im Winter, wenn wir vom Westflügel dorthin umziehen.«
Pons schaute sich das Fenster und den Rahmen genau an. Dann nahm er sich den Sessel vor, um die augenfälligen Spuren von Abnutzung zu betrachten, und schließlich ließ er sich auf Hände und Knie nieder, um den Teppich zu untersuchen, nachdem ihm unsere Klientin versichert hatte, daß dieser inzwischen noch nicht gereinigt worden war. Offenbar fand er nichts außer Stückchen von verdorrenden Blättern, denen er keine Beachtung schenkte. Dann trat er wieder ans Fenster, öffnete es und lehnte sich hinaus. Beim Hinausbeugen konnte er nahezu den Boden berühren, den er draußen schon gründlich abgesucht hatte. Seine sphinxartige Miene verriet mir nichts, als er sich ins Zimmer zurückzog und das Fenster schloß.
»Und nun das obere Zimmer, wenn ich bitten darf«, sagte er.
Nach wenigen Minuten standen wir in einem eleganten, sonnendurchfluteten Schlafraum, der geradezu das Gegenbild eines

Mordzimmers war. Der Raum enthielt ein großes Doppelbett unmittelbar unter dem Fenster; falls es auch zum Todeszeitpunkt der beiden Herren Grice-Paterson so gestanden hatte, drängte sich mir die Vorstellung auf, wie zwangsläufig einladend dies für einen mordlüsternen Malaien gewesen sein müßte. Pons' Überlegungen mußten einen ähnlichen Weg gegangen sein, denn er ging sofort zum Fenster hinüber und lehnte sich hinaus, um die Stärke der Kletterpflanzen zu prüfen, deren betäubender Blütenduft gleich beim Öffnen des Fensters ins Zimmer wehte.
Ich konnte mir die Bemerkung nicht verkneifen: »Sie sehen so aus, als könnten sie einen kleinwüchsigen Mann gut tragen.«
»Sie würden auch einen zwei Zentner schweren Mann tragen«, antwortete Pons.
»Mein Großvater pflanzte sie, als er einmal hierherkam, gleich nach Großmutters Tod in Malaya. Es war sein erster Heimaturlaub«, erklärte unsere Klientin. »Natürlich zogen wir in Betracht, daß jemand daran hochgeklettert war, um durchs Fenster einzusteigen, aber es waren keine Spuren zu finden, und die Pflanzen hätten doch sicherlich Kletterspuren aufgewiesen, Mr. Pons.«
»Das sollte man wohl annehmen – es sei denn in einem bestimmten Ausnahmefall. Waren diese Fenster beim Eintritt der zurückliegenden Todesfälle ebenfalls offen?«
»Ich glaube ja, Mr. Pons. Ich erinnere mich an die Fragen, die man uns stellte, als mein Onkel gefunden wurde. Damals war ich siebzehn, wie ich Ihnen schon sagte.«
»Und Ihre Brüder?«
»Die waren sechzehn und vierzehn.«
Pons stand da und schaute sich um, aber es gab nichts zu sehen, denn der Raum war makellos sauber. Dann schien er zu einem plötzlichen Entschluß zu kommen. »Läßt es sich einrichten, daß wir in diesem Zimmer übernachten, Miss Grice-Paterson?«
»O ja, Mr. Pons. Ich hatte vor, Sie im Westflügel unterzubringen – aber möglicherweise sind Sie hier ungestörter.«
»Vielen Dank. Wir werden eine oder zwei Nächte versuchsweise in diesem Zimmer zubringen.«

In den folgenden Stunden schlenderte Pons durch ›The Creepers‹, befragte das Dienstpersonal und war vergeblich bemüht, von den Brüdern Grice-Paterson Auskunft über gewisse Vorfälle zu erhalten. Sie wiesen dieses Ansinnen weit von sich – ein Umstand, den ich mit ausgeprägtem Mißtrauen registrierte, obgleich Pons es mit einem Achselzucken hinnahm. Er schritt durch Gärten und über Rasenflächen, voll Bewunderung für die Vielfalt der exotischen Pflanzen, Sträucher und Bäume, die im Überfluß dort wuchsen – die Früchte des Fleißes, den der verstorbene Oberst bewiesen hatte. In der Tat war das ganze Anwesen so üppig begrünt, daß es fast den Anschein hatte, als habe der ehemalige Generalgouverneur von Malaya versucht, sich hier auf dieser Insel vor der Küste von Cornwall ein Heim zu schaffen, das – soweit es das Klima zuließ – ein getreues Abbild seines Wohnsitzes in Indonesien war. Pons begnügte sich indessen nicht mit der unmittelbaren Umgebung des Hauses; er durchstreifte die ganze Insel und hielt sich kurz in dem kleinen Hafendörfchen auf, als sei er als Ferienreisender hier und nicht zum Zweck der Ermittlungen in einem so entsetzlichen Verbrechen, wie wir beide es lange Zeit nicht mehr erlebt hatten.

Das Mittagessen hatten wir allein zu uns genommen. Beim Abendessen saßen wir im Kreis der Familie am Tisch. Das Mahl erwies sich für alle außer Pons als eine äußerst peinliche Angelegenheit, denn die Brüder Grice-Paterson machten uns gegenüber kein Hehl aus ihrer Feindseligkeit. Pons indessen zog es vor, sich nicht darum zu bekümmern. Hin und wieder ging er einen der beiden mit einer Frage an.

»Sagen Sie«, wandte er sich einmal an Avery, »waren Ihnen die Verfügungen im Testament Ihres Großvaters bekannt?«

»Sie brauchen wohl unbedingt ein Motiv, wie, Mr. Pons?« gab Avery bösartig zurück. »Dabei sollte Ihnen klar sein, Sir, daß der Skandal auch ohne Ihre Einmischung groß genug ist.«

»Meine Frage, Mr. Grice-Paterson«, bohrte Pons hartnäckig nach, wobei er sich freilich den Genuß an der Lammkeule auf seinem Teller durch Averys Benehmen in keiner Weise nehmen ließ.

»Gib doch Antwort«, sagte unsere Klientin aufgebracht.
»Ja, sie waren mir bekannt«, sagte Avery mürrisch.
Und zu Richard sagte Pons später: »Ich kann mich des Eindrucks nicht erwehren, daß keiner von Ihnen beiden große Sympathie für Leutnant Hanwell hegte.«
»Nein, das gewiß nicht«, antwortete Richard. »Wir sind Einzelgänger, mein Bruder und ich. Und wenn Sie ganz gründlich nachforschen, Mr. Pons, so werden Sie feststellen, daß ich als Junge wie ein Affe an diesen Schlingpflanzen auf und ab klettern konnte. Ohne Spuren zu hinterlassen«, fügte er mit beißendem Sarkasmus hinzu.
Pons dankte ihm ganz ernst und ließ sich auch dann keinerlei Verärgerung anmerken, als all seine weiteren Fragen von den Brüdern in ähnlicher Weise abgewehrt wurden.
Erst als wir nach diesem steifen, unbehaglichen Mahl wieder in dem Zimmer im Ostflügel waren, lockerte Pons seine Haltung bemühter Gleichgültigkeit.
»Nun, Parker, haben Sie sich inzwischen von Ihrer Phantasievorstellung von dem gestohlenen Götzenbild und dem aus Indonesien entsandten Rächer getrennt?«
»Nein, Pons, keineswegs«, gab ich entschieden zur Antwort. »Ich wüßte keine andere Theorie, die so bruchlos zu den Tatsachen paßt. Doch ich muß einräumen, daß da noch die kleine Angelegenheit der Erbfolge bleibt. Ebenso wenig wie Ihnen ist es mir entgangen, daß jeder dieser Todesfälle einen weiteren Schritt im Hinblick auf die Erbberechtigung für den Besitz bewirkt hat, abgesehen von Miss Grice-Patersons Verlobtem, und dieser möglicherweise indirekt.«
»Oh, der Tod setzt unweigerlich Derartiges in Gang«, meinte Pons. »Wäre somit nach Ihrem Dafürhalten der Urheber all dieser Mordtaten nicht letztlich Aram Malvaides?«
»Eben, wer sonst? Beachten Sie eines: nur er war von all jenen, die von der Verfügung über den Besitz begünstigt sind, bei jedem Mord im Hause. Die Jungen hingegen nicht.«
»Sieh an, Parker, gut gefolgert«, räumte Pons ein.

Derart ermutigt, fuhr ich fort: »Hätte Miss Grice-Paterson geheiratet, dann gäbe es künftig möglicherweise noch weitere Erben zu beseitigen.«

»Sie unterstellen ihm den Vorsatz, jeden aus dem Weg zu räumen, der zwischen ihm und dem Erbe steht?«

»Alles oder nichts – darum geht es doch wohl hier?«

»O ja, sofern Ihre Theorie stichhaltig wäre. Doch weshalb dann zwischen den einzelnen Taten so lange zuwarten? Er wird schließlich auch nicht jünger.«

»Niemand blickt in das finstere Gemüt des Mörders.«

»Und wie verschaffte er sich Zutritt, ohne irgendeine Spur zu hinterlassen?« fragte Pons beharrlich weiter. »Hören Sie mir endlich auf mit diesem Malaien, Parker. Es will mir nun einmal nicht einleuchten, daß ein solch unheimlicher Einwanderer auf Abruf bereitsteht, um dann der plötzlichen Laune eines so zaghaften Mordanstifters Genüge zu tun.«

»Auch mir gibt dieses spurenlose Eindringen noch immer Rätsel auf«, mußte ich bekennen.

»Eben das ist der wunde Punkt bei all diesen Überlegungen am grünen Tisch – erst recht, wenn sie sich so weitgehend auf abenteuerliche Spekulationen gründen.«

Wieder war mir klar, daß Pons sich über mich lustig machte; ich war verärgert. »Dann kennen Sie zweifellos mittlerweile den Mörder?«

»Ich hatte meinen Verdacht, noch ehe wir London verließen.«

»Ach, hören Sie auf, Pons. Meine Geduld reicht weit, aber . . .«

»Ich bin noch keinem Menschen begegnet, der all meine Marotten so viele Jahre lang mit größerer Geduld ertragen hätte«, erwiderte Pons entwaffnend. »Aber da gibt es mehrere wesentliche Punkte, die zugegebenermaßen für die Angelegenheit von Bedeutung sein könnten. Ich bin kein Freund des Zufalls, obwohl ich jederzeit einräume, daß er im Leben eine weit größere Rolle spielt, als es in der Literatur vertretbar wäre. Gibt es Ihnen nicht zu denken, daß sich all diese Todesfälle etwa um die gleiche Jahreszeit ereignet haben?«

»Reiner Zufall.«
»Dachte ich es mir doch, daß Sie es so sehen. Die Familie bewohnt den Ostflügel nur im Winter. Warum? Ich habe mich danach erkundigt und in Erfahrung gebracht, daß diese Gewohnheit von Sir Ronald eingeführt wurde; die Familie hat dann seinen Brauch beibehalten. Nun, das erscheint Ihnen nicht bedeutsam?«
Ich gestand, dies sei nicht der Fall.
»Nun gut. Ich kann mich irren. Doch ich vermute, daß es hier Zusammenhänge mit gewissen anderen besonderen Umständen gibt. Ich darf doch voraussetzen, daß wir uns in einem Punkt einig sind: der Zutritt erfolgte jedesmal durch das offene Fenster.«
Dem konnte ich ohne Vorbehalt zustimmen.
»Und falls es sich so verhält, dann erscheint es Ihnen nicht merkwürdig, daß bei keinem der Vorfälle Spuren zu finden waren – kein Fußabdruck unter dem Fenster im Erdgeschoß, obwohl es dort ein größeres Stück Boden gibt, worauf man etwas feststellen müßte – keine Verletzungen an den Ranken als Hinweis darauf, daß jemand in dieses Zimmer eingestiegen ist – nichts?«
»Jemand, der leicht und geübt genug ist, könnte all das, was geschehen ist, ohne Hinterlassen irgendeiner Spur ausführen.«
»Doch fraglos wäre das fast unüberwindlich schwierig«, erhob Pons Einspruch.
»Richard hat zugegeben, daß er es als Junge konnte.«
Pons lächelte. »Richard hat uns auf den Arm genommen.«
»Denken Sie, was Sie wollen«, gab ich hitzig zurück. »Aber können Sie sich nicht vorstellen, daß diese Mordserie möglicherweise von einem uns Unbekannten in Gang gesetzt und in dieser Generation dann von anderer Hand weitergeführt wurde?«
»Doch, freilich«, erwiderte Pons. »Vorläufig wollen wir einräumen, daß es für ein unbemerktes Eindringen die Möglichkeit eines Einstiegs über die Kletterpflanzen gibt. Und wir wollen noch einen weiteren Aspekt dieser eigenartigen, widrigen Vorfälle ins Auge fassen. Warum wohl war der Abstand zwischen einem Verbrechen und dem nächsten jeweils so groß?«

»Offenbar, um das Aufsehen gering zu halten.«
»Wenn dies eine wesentliche Rolle spielte, dann wäre doch sicherlich eine weniger theatralische Tatausführung zu ersinnen gewesen?«
»Nicht für jemanden, der in dem gewählten Verfahren besonders geübt ist.«
»Ah, da wären wir also wieder bei Ihrem Malaien. Ich hatte ja keine Ahnung vom Ausmaß Ihrer Verehrung für den bösen Doktor Fu Manchu.«
»Sie amüsieren sich über mich, und mir ist es bitter ernst«, sagte ich. »Gibt es eine andere Erklärung, die auf so erstaunliche Weise alle Umstände in sich vereinigt?«
»Aber sicher.«
»Und was wäre das?«
»Nun, eben der tatsächliche Hergang und Ursprung der Verbrechen.«
»Mir dies als Rätsel aufzugeben ist Ihrer unwürdig, Pons.«
»Dann können Sie den Sieg davontragen, indem Sie die wahre Erklärung für den Fluch auf der Sippe Grice-Paterson liefern.«
»Wenn Sie sich dieser Erklärung so sicher sind«, rief ich, »warum vertrödeln wir dann hier die Zeit? Warum haben Sie den Mörder noch nicht überführt?«
»Obwohl ich sicher bin, hätte ich gern noch mehr Beweiskraft als lediglich meine Folgerung. Ich nehme das Recht in Anspruch, Ereignisse abzuwarten, die mir diese Beweiskraft verschaffen, ebenso wie Sie der pflichtschuldigen Wiederkehr des mordlüsternen Malaien harren mögen. Unsere Gegenwart in diesem Raum während dieser heißen Sommernacht wird nämlich die Ausgangslage vor jedem der bereits verübten drei Verbrechen getreulich wiederherstellen.«
»Von einem Umstand abgesehen«, warf ich hastig ein. »Wir zählen nicht zu den Erben des Besitzes.«
»Sie haben Ihren Revolver bei sich, wie ich sehe«, fuhr Pons fort. »Dies dürfte die angemessene Abwehrwaffe im Hinblick auf Ihren Mörder sein. Ich habe darum ersucht, daß uns der alte Degen

des Obersten heraufgebracht wird; dieser soll wiederum mir gute Dienste leisten und jegliche Schlinge durchtrennen, die sich um uns legen könnte.«
»Sie erwarten doch nicht im Ernst einen weiteren Überfall!«
»Besser gesagt: ich erhoffe mir einen solchen. Wir wollen zusehen, daß wir den Mörder in flagranti ertappen.«
»Pons, das ist absurd. Ein Überfall auf uns wäre völlig unmotiviert; es wäre ein Kardinalfehler in unserer Definition des Motivs für diese Serie von Vorfällen.«
»Das lassen Sie mich bitte korrigieren – *Ihre* Definition, nicht die unsere.«
»Müßte ich handeln, dann würde ich ohne Zögern Malvaides festnehmen.«
Pons lächelte ingrimmig. »Nun, nicht weniger logisch ist die Annahme, daß der verstorbene Vater unserer Klientin seinen Bruder tötete, daß sie selbst ihren Vater umgebracht hat, daß ihr Bruder Avery seinerseits das entsprechende Geschick unter Beweis stellte, um Leutnant Hanwell zu beseitigen – sie waren alle direkt oder indirekt erbberechtigt. Doch nun, Parker, ist die Abendessenszeit längst vorbei; bald wird die Nacht hereinbrechen. In heißen Zonen hält man nach dem Mittagsmahl eine Siesta; wir taten dies nicht. Es ist hier fast ebenso heiß wie in den Tropen, und ich gedenke vor Anbruch der – wie ich hoffe – ereignisreichen Nacht eine kleine Ruhepause einzulegen.«

Eine ereignisreiche Nacht, o gewiß!
Wie oft seit dieser Zeit gedachte ich immer wieder der höchst befremdlichen Vorfälle jener Nacht in dem zwiefach todesträchtigen Zimmer in ›The Creepers‹ auf der Insel Uffa! Trotz unserer Müdigkeit zogen wir uns erst zu später Stunde gemeinsam zurück, doch bald wurde ich schlaftrunken gewahr, daß Pons unser Bett verlassen und sich statt dessen in einen großen altmodischen Schaukelstuhl gesetzt hatte, der am offenen Fenster stand, so daß er ins Freie blicken und doch das Bett im Auge behalten konnte. Die Zimmertür hinter ihm war verschlossen. Wir hatten, wie er

sich ausdrückte, genau dieselbe Ausgangslage hergestellt wie zum Zeitpunkt der beiden Morde, die sich vordem in diesem Raum ereignet hatten. Wäre ich nach der langen nächtlichen Fahrt und der Mühsal eines vollen Tages an Pons' Seite nicht so erschöpft gewesen, dann hätte ich keinen Schlaf gefunden, denn das Zimmer und die Nacht waren drückend heiß und feucht; doch das Tosen der Brandung in der Ferne wirkte einlullend, und bald war ich eingeschlafen. Als letztes nahm ich wahr, wie Pons eisern entschlossen auf Wache saß, den Degen des verstorbenen Sir Ronald in Reichweite – ebenso wie mein Revolver schußbereit unter dem Kopfkissen lag.

Ich weiß nicht, wie viele Stunden ich geschlafen hatte, als ich jäh erwachte, nach Luft ringend, ohne schreien zu können, in der Klammer einer tödlichen Bedrohung. Ehe ich nach meinem Revolver greifen konnte – ehe ich wach genug war, um überhaupt zu fassen, was hier vor sich ging –, spürte ich, wie ich aus dem Bett gezogen wurde.

Mein entsetzter Blick fiel auf Pons, der mit dem Degen wild um sich hieb, und währenddessen wurde mir das Leben aus dem Leib gepreßt, und ich spürte ein Dutzend Nadelstiche heftigen Schmerzes am Hals, an den Handgelenken und im Gesicht. Blitzartig nahm ich die irrwitzige Szene in mich auf, so unerklärlich grauenhaft und vom Nahen des Todes geprägt: Pons' verzweifelter Kampf gegen einen Feind, den ich nicht sehen, sondern lediglich fühlen konnte – die immer fester gespannten Stricke, die sich so heimtückisch um mich schlangen ...

Dann verlor ich das Bewußtsein.

Als ich wieder zu mir kam, war Pons über mich gebeugt und massierte mir die Stirn.

»Dem Himmel sei Dank, Parker!« rief er. »Ich hätte es mir niemals verziehen, wenn Ihnen durch meinen Eigensinn, einen Verdacht erhärten zu wollen, etwas zugestoßen wäre!«

Mühsam und benommen setzte ich mich hoch. »Und der Mörder?« keuchte ich und hielt vergeblich Ausschau.

»Der Mörder – falls davon überhaupt die Rede sein kann – ist seit

zwölf Jahren tot«, erwiderte Pons. »Der Oberst, Sir Ronald Grice-Paterson. Seine einzigartige Waffe hat ihn hingegen überlebt.« Und dann sah ich ringsum auf dem Fußboden die abgehauenen, fleischigen Kletterranken der Pflanzen mit den karminroten Blüten, die die Ostwand des Hauses bedeckten, und ich erkannte, was mich in todbringender Umarmung zu umschlingen versucht hatte, ebenso wie es die Grice-Patersons und Leutnant Austen Hanwell im Schlaf getötet hatte.
»Es übersteigt alle Phantasie«, sagte Pons, während er mir auf die Beine half. »Ich war eingenickt und erwachte an einem Geräusch vom Bett her. Die Zweige der Kletterpflanze waren durchs Fenster eingedrungen und suchten die Beute, die sie dort erspürten – ja, der Fensterausschnitt war ganz angefüllt mit den wedelnden Ranken und Fangarmen. Niemals werde ich diesen Anblick vergessen!«

Am Morgen, in unserem Zugabteil auf der Rückreise von Penzance nach London – Pons hatte das Anerbieten unserer Klientin, uns heimfahren zu lassen, höflich ausgeschlagen und blieb nur eben noch so lange, um der Vernichtung von Sir Ronalds todbringendem Schlinggewächs beizuwohnen – brachte Pons nachdenklich unser erstaunliches Abenteuer nochmals zur Sprache.
»Die einschränkenden Begleitumstände der Todesfälle deuteten von Anfang an auf einen in seiner Bewegungsfreiheit eingeschränkten Urheber hin«, sagte er. »Jeder Todesfall hatte sich in einem Raum an der Ostwand des Hauses zugetragen – der gleichen Wand, an der schon mehrmals Hunde und Katzen frühmorgens aufgefunden worden waren – und jedesmal war es mitten im Hochsommer. ›Wie soll ich jemals wieder den August überleben?‹ hatte Miss Grice-Paterson ausgerufen. Überdies hatte sich das Unglück jedesmal nachts ereignet, während die Opfer schliefen, und somit war es dem heimtückischen, stummen Mörder gestattet, seine Opfer mit todbringender Umklammerung, woraus sich ein wacher Mann noch mühelos hätte befreien können, zu lähmen.

Die Kletterpflanze war zweifellos eine Sonderzüchtung, die Sir Ronald selbst geglückt war, eine Abart des Upas-Baumes. Es war eine fleischfressende Pflanze, besonders aktiv während der Phase stärksten Wachstums, die mit der Blütezeit zusammenfiel – Mittsommer. Ein Import aus Malaya, ganz ohne Frage. Seltsamerweise scheint niemand auf den Gedanken gekommen zu sein, die toten Menschen oder Tiere auf Blutverlust hin zu untersuchen; das Schlinggewächs war nämlich ein leibhaftiger Vampir.
Sir Ronald kannte diese Besonderheiten, darüber kann es keinen Zweifel geben. Er wußte nur zu gut, warum er im Sommer den Ostflügel mied, und nur weil die Angehörigen seine Gewohnheit übernahmen, blieben sie am Leben. Sonst wären sie wohl allesamt schon längst zu Tode gekommen.
Sir Ronalds Beweggrund dafür, dieses Gewächs zu pflanzen und zu hegen, läßt sich nach all der Zeit nicht mehr aufdecken. Zwang ihn tatsächlich sein Menschenhaß dazu, seinen Nachfolgern eine so unfehlbar tödliche Falle zu stellen – mit dem ironischen Hintergedanken, daß sein ehemaliger Bursche dadurch in den Besitz des Anwesens gelangen sollte? Oder hatte dieser Menschenhaß seinen Geist umnachtet? Wir haben mehrfach von der Verachtung des alten Mannes für das Menschengeschlecht gehört, die selbst vor seiner eigenen Familie nicht haltmachte. Vielleicht lag darin die Wurzel des Übels, jenes Fluchs auf der Sippe Grice-Paterson. Die Überlegung ist von spekulativem Reiz, doch die Wahrheit werden wir nicht mehr erfahren.«

Sieben schwarze Katzen

Ellery Queen

Melodisch trillerte die Klingel über der Tür von Miss Curleighs Zoohandlung auf der Amsterdam Avenue, und Mr. Ellery Queen rümpfte die Nase und trat ein. In dem Augenblick, als er über die Schwelle schritt, war er dankbar dafür, daß es keine allzu große Nase war und daß er durch das Rümpfen in weiser Voraussicht ihre Aufnahmekapazität eingeschränkt hatte. Ausmaß und Vielfalt der Gerüche in dem Lädchen hätten dem New Yorker Zoo zur Ehre gereicht. Und doch beherbergte es, wie er erstaunt feststellte, nur Geschöpfe zierlichster Größe, die allerdings innerhalb eines praktisch nicht meßbaren Sekundenbruchteils nach seinem Eintritt ein derartiges Jaulen, Kläffen, Fauchen, Brüllen, Grunzen, Quietschen, Miauen, Krächzen, Kreischen, Zwitschern, Zischen und Knurren anstimmten, daß nur durch ein Wunder das Dach standhielt.
»Guten Tag«, sagte eine forsche Stimme. »Ich bin Miss Curleigh. Womit kann ich dienen, bitte sehr?«
Mr. Queens Blick blieb inmitten des Tollhauses an einem Paar hellwacher Augen haften. Es gab noch mehr Bemerkenswertes – sie war unter anderem ein verflixt hübsches junges Ding mit tizianroter Haarfülle und Kurven und mindestens einem Wangengrübchen –, aber fürs erste nahmen ihre Augen seine Aufmerksamkeit in Beschlag. Miss Curleigh errötete und wiederholte ihre Frage.
»Entschuldigung«, sagte Ellery hastig und wandte sich wieder den Gegebenheiten zu. »Anscheinend herrscht im Tierreich kein ausgeglichenes Verhältnis von Lungenkraft und – hm – Ausdünstung zur Körpergröße. Man lernt nie aus. Miss Curleigh, wäre es

wohl möglich, ein vergleichsweise geräuschloses und wohlriechendes Exemplar der Gattung Hund mit krausem braunem Fell, neugierigen Schlappohren und krummen Hinterbeinen zu erstehen?«

Miss Curleigh runzelte die Stirn. Fatalerweise seien die irischen Terriers zur Zeit vergriffen. Der letzte Wurf hatte reißenden Absatz gefunden. Vielleicht ein Scottie –?

Nein, ihm war von Djuna, dem Hausdrachen, eigens eingeschärft worden, einen irischen Terrier zu besorgen; irgendein Ersatz mit Kummerblick und kupierten Ohren komme überhaupt nicht in Frage.

»Morgen erwarte ich Nachricht«, sagte Miss Curleigh geschäftstüchtig, »aus unserem Zwinger auf Long Island. Würden Sie mir Ihren Namen und Ihre Anschrift hinterlassen?«

Als Miss Curleigh las, was er geschrieben hatte, ließ sie die berufsmäßige Maske fallen. »Sie sind doch nicht etwa *Ellery* Queen!« rief sie lebhaft. »Also ich muß sagen, ich habe schon *so* viel von Ihnen gehört, Mr. Queen. Und da wohnen Sie praktisch gleich um die Ecke, Eighty-Seventh Street! Das ist ja unerhört spannend. Ich hätte nie damit gerechnet, Sie persönlich –«

»Ich auch nicht«, murmelte Mr. Queen. »Ich auch nicht.«

Miss Curleigh schob mechanisch ihr Haar zurecht. »Eine meiner besten Kundinnen wohnt Ihnen direkt gegenüber, Mr. Queen. Ich sollte besser sagen, eine meiner regelmäßigsten Kundinnen. Vielleicht kennen Sie sie? Eine gewisse Miss Tarkle – Euphemia Tarkle? Sie wohnt nämlich in diesem großen Apartmenthaus.«

»Ich hatte bisher nicht das Vergnügen«, sagte Mr. Queen geistesabwesend. »Was für außergewöhnliche Augen Sie haben! Wie sagten Sie – Euphemia Tarkle? Hier ist man ja keinen Augenblick vor Überraschungen sicher. Ist sie denn so unsäglich wie ihr Name?«

»Das ist nicht nett«, sagte Miss Curleigh streng, »aber ein Original ist sie schon, die Gute. Eine alte Dame mit einem Mäusegesicht und auch noch schwerkrank. Gelähmt, wissen Sie. Das kauzigste, zarteste, zierlichste Dingelchen. Ja, und ernstlich: sie spinnt.«

»Hat vermutlich reizende Enkelkinder«, sagte Mr. Queen und nahm seinen Stock von der Ladentheke. »Katzen?«
»Oh, wie haben Sie das erraten?«
»Das ist doch immer dasselbe.«
»*Sie* würden sich ganz bestimmt für sie interessieren«, sagte Miss Curleigh.
»Wieso gerade ich, Diana?«
»Mein Vorname«, sagte Miss Curleigh bescheiden, »ist Marie. Na, sie ist schon sehr merkwürdig, Mr. Queen. Und man hört immer, daß Sie sich für merkwürdige Menschen interessieren.«
»Gegenwärtig«, sagte Mr. Queen rasch, den Stock fester im Griff, »erfreue ich mich des süßen Nichtstuns.«
»Aber wissen Sie denn, was Miss Tarkle in letzter Zeit macht, diese arme Irre?«
»Ich habe keinen blassen Schimmer.«
»Sie kauft sich seit Wochen Katzen bei mir, jede Woche eine!«
Mr. Queen seufzte. »Darin sehe ich kein besonderes Verdachtsmoment. Eine betagte und behinderte Dame, Katzen als Liebhaberei – das paßt zusammen, glauben Sie mir. Ich hatte selbst einmal eine Tante, die so war.«
»Das ist ja eben das Sonderbare«, sagte Miss Curleigh triumphierend. »Sie mag nämlich Katzen überhaupt nicht!«
Mr. Queen blinzelte zweimal. Er blickte auf Miss Curleighs hübsches Näschen. Dann legte er ziemlich geistesabwesend seinen Stock wieder auf die Theke. »Und woher wissen Sie das?«
»Das hat mir ihre Schwester erzählt. Ruhe, Brownie! Wissen Sie, Miss Tarkle ist nämlich völlig hilflos, durch ihre Lähmung und so, und ihre Schwester Sarah-Ann sorgt für sie. Sie sind beide etwa gleich alt, möchte ich meinen, und sie sehen sich auch ganz ähnlich. Verhutzelte Äpfelchen, die beiden alten Damen, mit den gleichen niedlichen Mäusegesichtern. Also, Mr. Queen, etwa vor einem Jahr kam Miss Sarah-Ann zu mir in den Laden und kaufte einen schwarzen Kater – sie hatte nicht viel Geld, wie sie sagte, und konnte keinen richtig teuren kaufen, also nahm ich eben einen – na, einfach einen Kater.«

»Hat sie ausdrücklich einen schwarzen Kater verlangt?« fragte Mr. Queen aufmerksam.
»Nein. Irgendeine Katze, sagte sie; sie fand sie alle nett. Aber schon nach ein paar Tagen kam sie nochmals her. Sie wollte wissen, ob sie ihn zurückgeben und ihr Geld wiederbekommen könnte. Ihre Schwester Euphemia, so sagte sie, komme nämlich mit einer Katze nicht aus. Euphemia verabscheue Katzen, sagte sie mit einem Seufzer, und da sie finanziell gewissermaßen auf Euphemia angewiesen sei, könne sie ihr so etwas nicht gut antun. Mir tat sie ein wenig leid, und ich sagte ihr, ich würde die Katze zurücknehmen; aber dann hat sie es sich wohl anders überlegt, oder auch die Schwester hat sich's anders überlegt, denn Sarah-Ann Tarkle kam nie wieder her. Jedenfalls ist mir dadurch bekannt, daß Miss Euphemia keine Katzen mag.«
Mr. Queen knabberte an einem Fingernagel. »Eigenartig«, murmelte er. »Eine wahrhaftig höchst eigenartige Geschichte. Und Sie sagen, diese Jungfer Euphemia kauft sich zur Zeit jede Woche eine Katze? Was denn für welche, Miss Curleigh?«
Miss Curleigh seufzte. »Keine sehr edlen. Freilich, wo sie doch im Geld schwimmt – das sagte jedenfalls ihre Schwester Sarah-Ann –, versuchte ich ihr eine Perserkatze zu verkaufen – ich hatte ein prachtvolles Exemplar da – und eine Malteserkatze, die auf einer Ausstellung prämiiert worden war. Aber sie wollte einfach ganz gewöhnliche Katzen, sagte sie, so wie die eine, die ich ihrer Schwester verkauft hatte. Schwarze.«
»Schwarze . . . Immerhin möglich, daß –«
»Oh, abergläubisch ist sie nicht die Spur, Mr. Queen. Eher ist sie selber eine irgendwie unheimliche alte Dame. Schwarze Kater mit grünen Augen, alle gleich groß. Mir kam das schon sehr sonderbar vor.«
Mr. Ellery Queens Nasenflügel bebten ein wenig, diesmal nicht von den pikanten Düften in Miss Curleighs Tierhandlung. Eine kranke alte Dame namens Tarkle, die jede Woche einen schwarzen Kater mit grünen Augen kaufte!
»Wirklich sehr sonderbar«, murmelte er, und seine grauen Augen

verengten sich. »Und wie lange geht dieser bemerkenswerte Handel nun schon vor sich?«

»Aha, es interessiert Sie also doch! Es sind jetzt fünf Wochen, Mr. Queen. Die sechste Katze habe ich erst gestern selbst abgeliefert.«

»Abgeliefert? Ist sie denn völlig gelähmt?«

»O ja. Sie ist ans Bett gefesselt und kann keinen Schritt gehen. Das geht nun schon zehn Jahre so, hat sie mir erzählt. Vor ihrem Schlaganfall hatten sie und Sarah-Ann nicht zusammengelebt. Jetzt ist sie voll auf ihre Schwester angewiesen – Essen, Baden, Bettsch . . . ein Pflegefall.«

»Und warum«, forschte Ellery, »hat sie wegen der Katzen nicht ihre Schwester hergeschickt?«

In Miss Curleighs hellwache Augen trat ein Ausdruck der Unschlüssigkeit. »Das weiß ich nicht«, sagte sie langsam. »Manchmal überläuft es mich kalt. Sie hat mich nämlich jedesmal angerufen – sie hat das Telefon am Bett und kann die Arme noch so weit bewegen, daß sie es erreichen kann –, jedesmal an dem Tag, wenn sie wieder eine Katze brauchte. Es war immer derselbe Auftrag – schwarzer Kater, grüne Augen, gleiche Größe wie zuvor und so billig wie möglich.« Miss Curleighs liebenswürdiges Gesicht wurde hart. »Feilscht um jeden Cent, die Miss Euphemia Tarkle.«

»Phantastisch«, sagte Ellery nachdenklich. »Einfach phantastisch. Sagen Sie mal, wie hat sich denn die Schwester benommen, wenn Sie die Katzen hinbrachten?«

»Gib Ruhe, Brownie! – Das kann ich Ihnen nicht sagen, Mr. Queen, sie war nämlich nie da.«

Ellery stutzte. »War nie da! Wie meinen Sie das? Sie sagten doch eben, diese Euphemia sei völlig hilflos –«

»Ist sie auch, aber Sarah-Ann geht jeden Nachmittag weg, an die frische Luft vielleicht oder ins Kino, und ihre Schwester bleibt dann ein paar Stunden allein. Und immer dann, meine ich, hat sie mich angerufen. Sie hat mir auch immer aufgetragen, zu einer bestimmten Zeit zu kommen, und da ich Sarah-Ann nie gesehen habe, wenn ich die Katze hinbrachte, hat sie vermutlich die Absicht, ihre Einkäufe vor ihrer Schwester geheimzuhalten. Zur Wohnung

hatte ich Zugang, weil Sarah-Ann die Tür nicht abschließt, wenn sie ausgeht. Euphemia hat mir immer wieder eingeschärft, zu keinem Menschen etwas von den Katzen zu sagen.«
Ellery zupfte sich an der Nase – untrügliches Anzeichen für Anteilnahme. »Das geht ja immer toller zu«, murmelte er. »Miss Curleigh, Sie sind da unversehens auf etwas – nun ja, Krankhaftes gestoßen.«
Miss Curleigh erbleichte. »Sie glauben doch nicht –«
»O ja, genau das, und es beunruhigt mich. Zum Beispiel: wie um alles konnte sie hoffen, vor ihrer Schwester geheimzuhalten, daß sie die Katzen kaufte? Sarah-Ann ist ja nicht blind!«
»Blind? Nein, natürlich nicht. Und Euphemia hat auch gute Augen.«
»Ich mache doch nur Spaß. Aber es ist mir ein Rätsel, Miss Curleigh.«
»Na«, sagte Miss Curleigh strahlend, »dann habe ich dem großen Mr. Queen wenigstens etwas zum Nachdenken verschafft . . . Ich rufe Sie an, sobald ein irisch–«
Ellery straffte sich in den Schultern und nahm seinen Stock wieder an sich. »Ich bin unheilbar, Miss Curleigh, ich kann es nun einmal nicht lassen, die Nase in anderer Leute Angelegenheiten zu stecken. Wie wäre es, wenn Sie mich dabei unterstützten, was die Angelegenheiten der geheimnisvollen Geschwister Tarkle anbelangt?«
Scharlachrote Flecken erglühten auf Miss Curleighs Wangen.
»Das ist doch nicht Ihr Ernst!« rief sie.
»Aber sicher.«
»Das wäre wunderbar! Was soll ich tun?«
»Da schlage ich vor, Sie nehmen mich mit in die Wohnung der Damen Tarkle und stellen mich als Kunden vor. Wir sagen einfach, daß die Katze, die Sie gestern an Miss Tarkle verkauften, ursprünglich mir zugesagt worden war, daß ich als besonders eigensinniger Katzenliebhaber nicht mit einer anderen vorliebnehmen will und daß Sie die an sie verkaufte nun wieder benötigen und ihr dafür eine andere besorgen werden. Irgend etwas in dieser Rich-

tung, damit ich sie sehen kann und mit ihr ins Gespräch komme. Es ist jetzt Nachmittag, also sitzt Sarah-Ann vermutlich in irgendeinem Kino. Wie finden Sie das?«

Miss Curleigh sandte ihm ein hinreißendes Lächeln. »Ich finde das – einfach zu wunderbar, um es in Worte zu fassen. Eine Minute bitte, ich will mir nur die Nase pudern und jemand holen, der mich im Laden vertritt, Mr. Queen. Das lasse ich mir nicht entgehen, auf gar keinen Fall!«

Zehn Minuten später standen sie vor der Eingangstür zu Apartment 5-C der »Amsterdam Arms«, einem ziemlich verblichenen Gebäude, und starrten schweigend auf die zwei vollen Milchflaschen am Boden. Miss Curleigh wirkte beunruhigt, und Mr. Queen bückte sich. Als er sich wieder aufrichtete, wirkte er ebenfalls beunruhigt.

»Von gestern und von heute«, murmelte er, und er legte die Hand auf den Türknauf und drehte daran. Die Tür war abgeschlossen.

»Ich dachte, Sie hätten gesagt, die Schwester läßt die Tür unverschlossen, wenn sie ausgeht?«

»Vielleicht ist sie auch drinnen«, sagte Miss Curleigh unsicher. »Oder sie hat vergessen, den Schnappriegel umzustellen, falls sie weggegangen ist.«

Ellery drückte auf den Klingelknopf. Es tat sich nichts. Er klingelte noch einmal. Dann rief er laut: »Miss Tarkle, sind Sie da?«

»Ich begreife das einfach nicht«, sagte Miss Curleigh mit einem nervösen Lachen. »Sie müßte Sie doch hören. Es ist nur eine Dreizimmerwohnung, das Schlafzimmer und das Wohnzimmer stoßen rechts und links an eine kleine Diele hinter dieser Tür. Zur Küche geht es geradeaus.«

Ellery rief noch einmal, diesmal überlaut. Nach einer Weile legte er das Ohr an die Tür. Der recht verwahrloste Hausflur, die schlampig gestrichene Tür . . .

Miss Curleighs außergewöhnliche Augen waren erschrockene Silberlampen. Sie sagte in ganz eigenartigem Ton: »Oh, Mr. Queen. Da ist etwas Furchtbares passiert.«

»Suchen wir mal den Hausmeister«, sagte Ellery ruhig.

Sie entdeckten »Potter, Hausverwaltung« in einem Metallrahmen an einer Tür im Erdgeschoß. Miss Curleigh atmete stoßweise. Ellery klingelte.

Eine kleine dicke Frau mit mächtigen, schaumbesprenkelten Unterarmen öffnete die Tür. Sie wischte sich die roten Hände an einer schmutzigen Schürze ab und strich sich eine fettige Haarsträhne aus dem erschlafften Gesicht. »Ja?« fragte sie mit schroffer Stimme.

»Mrs. Potter?«

»Bin ich. Hier ist keine Wohnung frei. Hätte Ihnen der Pförtner auch gleich sagen können –«

Miss Curleigh errötete. Ellery sagte hastig: »Nein, wir sind nicht auf Wohnungssuche, Mrs. Potter. Ist der Hausmeister da?«

»Nein, mein Mann arbeitet halbtags im Chemiewerk in Long Island City, er kommt nie vor halb vier nach Hause. Was wollen Sie?«

»Bestimmt können Sie dieser jungen Dame und mir ebensogut helfen, Mrs. Potter. In Wohnung 5-C meldet sich niemand.«

Die dicke Frau runzelte die Stirn. »Die Tür nich' offen? Ist sie doch sonst immer um diese Zeit. Die Gesunde ist weg, aber die Lahme –«

»Es ist abgeschlossen, Mrs. Potter.«

»Is' ja wirklich komisch«, sagte die dicke Frau mit schriller Stimme und starrte dabei Miss Curleigh an. »Versteh' ich nich' – Miss Euphemia ist doch 'n Krüppel, sie geht *nie* weg. Vielleicht hat das arme Ding 'nen Anfall gehabt?«

»Hoffentlich nicht. Wann haben Sie Sarah-Ann zuletzt gesehen?«

»Die Gesunde? Ja, warten Sie mal. Oh, das ist zwei Tage her. Und wenn wir schon dabei sind, die Lahme hab' ich auch seit zwei Tagen nicht mehr gesehen.«

»Lieber Himmel«, flüsterte Miss Curleigh beim Gedanken an die beiden Milchflaschen. »Zwei Tage!«

»Ach, dann sehen Sie also Miss Euphemia gelegentlich?« bohrte Ellery nach.

»Ja, Sir.« Nun rang Mrs. Potter die roten Hände, als stehe sie

noch immer an der Waschwanne. »Ab und zu ruft sie mich nachmittags rauf, wenn ihre Schwester weg ist, irgendwas in den Müllschlucker kippen oder was erledigen. Das letzte Mal mußte ich 'nen Brief für sie einwerfen. Sie – sie gibt mir ab und zu was dafür. Aber jetzt sind es schon zwei Tage . . .«
Ellery zog etwas aus der Tasche und hielt es in der hohlen Hand der dicken Frau unter die Augen. »Mrs. Potter«, sagte er unnachgiebig, »ich muß dringend in diese Wohnung. Hier stimmt etwas nicht. Geben Sie mir Ihren Zentralschlüssel.«
Sie starrte auf die Marke. Dann lief sie aufgeregt weg und kam mit dem Schlüssel wieder, den sie Ellery gab. »Ach, wär' doch mein Gatte zu Hause!« jammerte sie. »Sie werden doch nicht –«
»Sagen Sie bloß zu keinem Menschen ein Wort, Mrs. Potter.«
Sie ließen die Frau, die den Mund nicht mehr zubekam, stehen und nahmen wieder den Aufzug zum fünften Stockwerk. Miss Curleigh war ein wenig blaß um die Nase.
»Vielleicht ist es besser«, meinte Ellery freundlich, als er den Schlüssel ins Schloß steckte, »wenn Sie nicht gleich mitkommen, Miss Curleigh. Es könnte unerfreulich sein. Ich –« Er hielt jäh inne.
Da war jemand auf der anderen Seite der Tür.
Sie hörten das unmißverständliche Geräusch rascher Schritte, begleitet von ruckweisem Scharren, als werde etwas über den Fußboden geschleift. Ellery schloß auf und drehte blitzschnell den Knauf, Miss Curleigh mit keuchendem Atem neben sich. Die Tür ging einen Spalt auf und gab dann nicht mehr nach. Die Schritte entfernten sich.
»Die Tür verrammelt«, knurrte Ellery. »Treten Sie zurück, Miss Curleigh.« Er warf sich mit der Schulter gegen die Tür. Es gab einen splitternden Krach, und die Tür flog nach innen, wobei ein zerbrochener Stuhl rücklings umfiel. »Zu spät –«
»Die Feuerleiter!« schrie Miss Curleigh. »Vom Schlafzimmer aus! Links!«
Er stürzte in einen langen, schmalen Raum mit zwei Betten, der nicht sehr aufgeräumt aussah, und hechtete an ein offenes Fen-

ster. Aber auf der Feuerleiter war niemand zu sehen. Er schaute nach oben: die eisernen Sprossen machten ein paar Fuß über ihm eine Biegung und entzogen sich dem Blick.
»Wer das auch war, er hat sich leider übers Dach abgesetzt«, murmelte er, während er sich eine Zigarette anzündete. »Sie rauchen nicht? Schön. Kein Blutvergießen, wie mir scheint. Vielleicht steckt tatsächlich mehr dahinter. Sehen Sie etwas Interessantes?«
Miss Curleigh streckte einen zitternden Finger aus. »Das ist ihr – ihr Bett. Das zerwühlte. Aber wo ist sie?«
Das andere Bett war säuberlich gemacht, mit glattgezogenem Spitzenüberwurf. Doch Miss Euphemia Tarkles Bett sah chaotisch aus. Die Laken waren herausgerissen, die Matratze aufgeschlitzt, und Fetzen des Drells lagen auf dem Fußboden. Die Kissen waren in Stücke gerissen. Eine Vertiefung in der Mitte der Matratze ließ erkennen, wo die vermißte Kranke gelegen hatte.
Ellery stand still und betrachtete das Bett. Dann untersuchte er systematisch die Schränke; er öffnete Türen, durchstöberte den Inhalt und schloß sie wieder. Miss Curleigh im Schlepptau – sie hatte die beängstigende Gewohnheit entwickelt, über ihre rechte Schulter zurückzuschauen – blickte er kurz ins Wohnzimmer, in die Küche und ins Bad. Aber es war niemand in der Wohnung. Und abgesehen von Miss Tarkles Bett war offenbar nirgends Unordnung angerichtet worden. Der Ort hatte etwas Gespenstisches an sich. Es war, als sei in klösterliche Stille jählings brutale Gewalt eingebrochen. Ein Tablett mit Geschirr, Besteck und Speiseresten lag auf dem Boden, fast unters Bett geschoben.
Miss Curleigh schob sich vorsichtig näher zu Ellery hin. »Das ist hier so – so verlassen«, sagte sie und befeuchtete sich die Lippen. »Wo ist Miss Euphemia? Und ihre Schwester? Und wer – wer war das, der die Tür verrammelt hat?«
»Und vor allen Dingen«, murmelte Ellery mit starrem Blick auf das Eßtablett, »wo sind die sieben schwarzen Katzen?«
»Sieb-«
»Sarah-Anns Prachtexemplar und die sechs von Euphemia. Wo sind sie?«

»Vielleicht«, sagte Miss Curleigh hoffnungsvoll, »sind sie aus dem Fenster gesprungen, als dieser Mann –«

»Vielleicht. Und sagen Sie nicht ›Mann‹. Wir wissen es ja nicht sicher.« Er schaute sich gereizt um. »Wenn es so war, dann erst gerade vorhin, denn der Fensterriegel wurde gewaltsam zurückgerissen, was darauf hindeutet, daß das Fenster zuvor geschlossen war und folglich die Katzen höchstens –« Er hielt inne. »Wer ist da?« rief er barsch und fuhr herum.

»Ich bin's«, sagte eine eingeschüchterte Stimme, und Mrs. Potter tauchte zögernd in der Diele auf. Ihre müden Augen glommen vor Angst und Neugier. »Wo ist –«

»Verschwunden.« Er blickte starr auf die verschlampte Frau. »Haben Sie Miss Euphemia oder ihre Schwester mit Sicherheit heute noch nicht gesehen?«

»Schon gestern nicht. Ich –«

»Und es war in den letzten zwei Tagen kein Krankenwagen hier?« Mrs. Potter wurde kalkweiß. »Aber nein, Sir! Ich begreife überhaupt nicht, wie sie aus der Wohnung rausgekommen ist. Sie konnte keinen Schritt gehen. Wenn man sie rausgetragen hätte – irgendwem wär' das doch aufgefallen. Dem Pförtner auf jeden Fall. Und den hab' ich gerade gefragt. Aber keiner weiß was. Es ging alles ganz normal zu –«

»Ist es möglich, daß Ihr Mann in den letzten zwei Tagen einer oder beiden Damen begegnet ist?«

»Ausgeschlossen. Er hat sie zuletzt vorgestern abend gesehen. Harry hat da so 'n kleinen Nebenverdienst. Miss Euphemia hatte mit dem Hauseigentümer verhandelt, von wegen neuen Tapeten und Bodenbelägen und ein paar Einbauten, aber der hat es abgelehnt. Da hat sie dann Harry gefragt, vor über einem Monat jetzt, ob er's in Schwarzarbeit machen würde, und sie wollte dafür bezahlen, freilich nicht so viel wie 'nem Handwerker vom Fach. Also hat er das in seiner Freizeit gemacht, meistens am Spätnachmittag und abends – er ist geschickt, mein Gatte. Jetzt ist er fast fertig mit der Arbeit. Hübsche Tapete, nicht? Also vorgestern abend hat er Miss Euphemia noch gesehen.« Offensichtlich durchzuckte sie hier ein Gedanke, denn sie rollte mit den Augen und stieß einen schwachen Schrei aus. »Da fällt mir ein – wenn mit der Lahmen was passiert ist, kriegen wir ja kein Geld zu sehen! All die Arbeit . . . Und der Hauseigentümer . . .«

»Schon gut«, sagte Ellery ungeduldig. »Mrs. Potter, gibt es in diesem Haus Mäuse oder Ratten?«

Beide Frauen sahen verstört aus. »Nein, das ist ganz ausgeschlossen«, fing Mrs. Potter an. »Der Kammerjäger kommt –«

Da fuhren sie alle herum, weil in der Diele ein Geräusch zu hören war. Jemand öffnete die Wohnungstür.

»Kommen Sie nur herein«, rief Ellery forsch und schritt los. Jäh blieb er stehen, als sich im Türrahmen zögernd ein verängstigtes Gesicht zeigte.

»Entschuldigen Sie«, sagte der Neuankömmling nervös, ganz verdutzt angesichts des Mannes und der beiden Frauen. »Ich muß mich wohl in der Tür geirrt haben. Wohnt Miss Euphemia Tarkle hier im Haus?« Es war ein langer, spindeldürrer junger Mann mit furchtsamem Pferdegesicht und borstigem hellbraunem Haar. Er hatte einen ziemlich schäbigen Anzug von altmodischem Schnitt an und trug eine kleine Reisetasche.

»Ja, gewiß«, sagte Ellery mit freundlichem Lächeln. »Kommen Sie doch herein. Darf ich fragen, wer Sie sind?«

Der junge Mann blinzelte. »Wo ist denn Tante Euphemia? Ich bin Elias Morton junior. Ist sie nicht da?« Der Blick seiner leicht geröteten kleinen Augen wanderte verwirrt und verstört von Ellery zu Miss Curleigh.

»Sagten Sie ›Tante Euphemia‹, Mr. Morton?«

»Ich bin ihr Neffe. Ich komme von auswärts – Albany. Wo . . .«

Ellery murmelte: »Ein Überraschungsbesuch, Mr. Morton?«

Der junge Mann blinzelte wieder. Er hielt seine Reisetasche noch am Griff. Nun setzte er sie hart auf den Fußboden und wühlte eifrig in seinen Taschen, bis er einen arg verschmutzten und zerknitterten Brief gefunden hatte. »Den habe ich erst vor ein paar Tagen bekommen. Ich wäre schon eher gekommen, aber da ging mein Vater weg, weil er – Ich begreife das nicht.«

Ellery riß ihm den Brief aus den schlaffen Fingern. Es war ein mühseliges Gekritzel auf einem Stück gewöhnlichem braunem Packpapier; der Umschlag war billigste Sorte. Das Bleistiftgekrakel in der spinnenbeinigen Altershandschrift lautete:

»Lieber Elias, Du hast nun schon so viele Jahre nichts von Deinem Tantchen gehört, aber jetzt brauche ich Dich, Elias, denn Du bist der einzige nahe Verwandte, an den ich mich in meiner verzweifelten Lage wenden kann! Ich bin in großer Gefahr, mein lieber Junge. Du mußt Deiner armen kranken Tante beistehen, die ganz hilflos ist. Komm sofort hierher. Sag nichts zu Deinem Vater oder den anderen, Elias! Wenn Du hier ankommst, dann tu so, als seist Du mal zu Besuch gekommen. Vergiß das nicht. Bitte, bitte, laß mich nicht im Stich. Hilf mir, bitte! Deine Dich liebende Tante Euphemia.«

»Hochinteressant«, sagte Ellery mit gefurchter Stirn. »Unter großer seelischer Belastung geschrieben, Miss Curleigh. Zweifellos echt. Niemand darf etwas erfahren, aha. Nun, Mr. Morton, ich fürchte, Sie kommen zu spät.«

»Zu –« Das Pferdegesicht des jungen Mannes wurde bleich. »Ich wollte ja sofort losfahren, aber mein Vater war weggelaufen, mal wieder betrunken, und ich konnte ihn nicht finden. Ich wußte nicht, was ich machen sollte. Dann bin ich doch hierhergekommen. Und jetzt die Vorstellung, daß –« Seine vorstehenden Zähne schlugen aufeinander.

»Ist das wirklich die Handschrift Ihrer Tante?«

»O ja, o ja.«

»Ihr Vater ist nicht etwa der Bruder der Schwestern Tarkle?«

»Nein, Sir. Meine Mutter war die Schwester, Gott hab' sie selig.« Morton griff nach einer Stuhllehne. »Ist Tante Euphemia – tot? Und wo ist Tante Sarah?«

»Sie sind beide verschwunden.« Ellery berichtete mit knappen Worten, was er vorgefunden hatte. Der junge Besucher aus Albany sah aus, als wolle er in Ohnmacht fallen. »Ich – hm – bin in dieser Angelegenheit zu Ermittlungen ermächtigt, Mr. Morton. Sagen Sie mir alles, was Sie von Ihren beiden Tanten wissen.«

»Viel weiß ich nicht«, murmelte Morton. »Hab' sie seit vielleicht fünfzehn Jahren nicht mehr gesehen, seit ich ein Kind war. Tante Sarah-Ann ließ hin und wieder von sich hören, Tante Euphemia seither nur zweimal. Sie haben nie – ich hätte niemals gedacht – ich weiß natürlich, daß Tante Euphemia seit ihrem Schlaganfall so . . . komisch geworden war. Tante Sarah hat mir das geschrieben. Sie hatte von meinem Großvater etwas Geld geerbt – wieviel, weiß ich nicht –, und Tante Sarah sagte, sie sei furchtbar knickrig damit. Tante Sarah selbst hatte gar nichts. Sie mußte bei Tante Euphemia wohnen und für sie sorgen. Sie hatte kein Vertrauen zu Banken, sagte Tante Sarah, und hatte das Geld irgendwo in der Wohnung versteckt, Tante Sarah wußte aber nicht, wo. Nach ihrem Schlaganfall wollte sie nicht einmal einen Arzt, so geizig war – ist sie. Sie kamen nicht miteinander aus, sie hatten dauernd Streit, wie mir Tante Sarah schrieb, und Tante Euphemia beschuldigte sie immerfort, sie versuche ihr das Geld zu stehlen, und sie wußte nicht, wie sie das noch lange ertragen sollte. Das ist so etwa alles, was ich weiß.«

»Die Ärmsten«, murmelte Miss Curleigh mit feuchten Augen. »Was für ein erbärmliches Dasein! Miss Tarkles Schuld ist es bestimmt nicht, daß –«

»Sagen Sie, Mr. Morton«, erkundigte sich Ellery, »stimmt es, daß Ihre Tante Euphemia Katzen verabscheute?«

»Oh, woher wissen Sie das? Sie sind ihr verhaßt. Tante Sarah hat mir das oft geschrieben. Sie litt sehr darunter, denn sie ist so vernarrt in Katzen, daß sie ihre eigene verhätschelt wie ein Kind, und da wird dann Tante Euphemia eifersüchtig oder wütend oder sonst was. Ich glaube, sie kamen einfach nicht – kommen einfach nicht miteinander aus.«

»Immerhin, Mr. Morton, läßt sich offenbar nicht ausschließen, daß Ihre Tanten ganz einfach außer Haus sind, auf Urlaub oder irgendwo zu Besuch.« Doch der Glanz in seinen Augen wich nicht. »Sie übernachten am besten in einem Hotel in der Nähe. Ich halte Sie auf dem laufenden.« Er kritzelte Namen und Anschrift eines benachbarten Hotels auf eine Seite aus seinem Notizbuch und drückte sie Morton in die feuchte Hand. »Machen Sie sich keine Sorgen. Sie hören von mir.« Und er geleitete den verdutzten jungen Mann energisch aus der Wohnung. Gleich darauf hörten sie das Klicken der Aufzugtür.

Ellery sagte bedächtig: »Der Neffe aus der Provinz, wie er leibt und lebt. Miss Curleigh, nun muß ich mich erst wieder an Ihrem reizvollen Anblick laben. Leute mit einer solchen Visage sollte man eigentlich nicht frei herumlaufen lassen.« Er tätschelte ihr mit kummervollem Blick die Wange, zögerte und steuerte dann das Badezimmer an. Miss Curleigh errötete wiederum und folgte ihm rasch, wobei sie wieder furchtsam über die Schulter zurückblickte.

»Was ist das?« hörte sie Ellerys scharfe Stimme. »Mrs. Potter, kommen Sie doch raus aus – Lieber Himmel!«

»Was ist nun schon wieder?« rief Miss Curleigh und stürzte ihm nach ins Badezimmer.

Mrs. Potter, die mächtigen Unterarme von oben bis unten voller Gänsehaut, starrte offenen Mundes in die Badewanne. Dann stieß sie ein paar unartikulierte Laute aus und verließ fluchtartig die Wohnung.

Miss Curleigh sagte: »O Gott!« und legte sich die Hand übers Herz. »Das ist ja *grauenhaft!*«

»Grauenhaft«, sagte Ellery langsam und ingrimmig, »und sehr aufschlußreich. Ich hatte es übersehen, als ich zuvor hier hereinschaute. Ich glaube . . .« Er hielt inne und beugte sich über die Wanne. In seinen Augen und seiner Stimme war jetzt kein Spott mehr, nur noch angeekelte Wachsamkeit.

Ein schwarzer Kater lag, in schlaffer Haltung erstarrt, in einer blutigen Pfütze in der Wanne. Er war groß, glänzend schwarz, grünäugig, und es war kein Funke Leben mehr in ihm. Der Schädel war zertrümmert, und offenbar hatte er auch zahlreiche Knochenbrüche. Geronnene Blutspritzer bedeckten die Innenwand der Wanne. Die Waffe lag neben dem Tier: eine blutbefleckte Badebürste mit schwerem Griff.

»Damit wäre das rätselhafte Verschwinden zumindest einer der

sieben Katzen geklärt«, murmelte Ellery und richtete sich auf. »Mit der Bürste totgeschlagen. So wie er aussieht, liegt er kaum länger als einen Tag tot da.«
Miss Curleigh, deren erstes Entsetzen der Empörung gewichen war, schrie: »Eine Miezekatze so gräßlich umbringen, das kann nur ein Scheusal!« Ihre silbrigen Augen loderten vor Zorn. »Dieses widerliche alte Weib –«
»Bedenken Sie«, seufzte Ellery, »sie kann ja nicht einmal gehen.«

»Diese Angelegenheit«, sagte Mr. Queen einige Zeit später und legte sein praktisches Taschenwerkzeug beiseite, »entwickelt sich immer merkwürdiger, Miss Curleigh. Haben Sie eine Ahnung, was das hier sein könnte?«
Sie waren wieder im Schlafzimmer, über das Tablett gebeugt, das er vom Boden aufgehoben und auf den Nachttisch zwischen den Betten der verschollenen Schwestern gestellt hatte. Es war Miss Curleigh eingefallen, daß sie bei allen vorangegangenen Besuchen das Tablett auf Miss Tarkles Bett oder auf dem Nachttisch vorgefunden hatte. Die Gelähmte hatte dazu mit verkniffenen, blassen Lippen erklärt, sie habe es sich in letzter Zeit angewöhnt, allein zu essen, woraus sich folgern ließ, daß sie und die vielgeplagte Sarah-Ann sich endgültig auseinandergelebt hatten.
»Ich habe gesehen, wie Sie mit Pulver hantieren, aber –«
Ellery betrachtete mit undurchschaubarer Miene das Messer, die Gabel und den Löffel, die unordentlich auf dem Tablett lagen. »Mein Bereitschaftstäschchen kommt mir des öfteren sehr zustatten. Sie haben gesehen, wie ich dieses Besteck untersuchte, Miss Curleigh. Meinen Sie, daß es von Euphemia zum Verzehr ihrer letzten Mahlzeit hier benutzt wurde?«
»Ja, natürlich«, sagte Miss Curleigh stirnrunzelnd. »Man sieht ja noch die eingetrockneten Speisereste an Messer und Gabel.«
»Richtig. Und nun schauen Sie hier, die Griffe der Besteckteile sind nicht graviert – glatte Silberflächen. Darauf müßten Fingerabdrücke zu finden sein.« Er zuckte die Achseln. »Aber es sind keine da.«

»Wie meinen Sie das, Mr. Queen? Wie ist das möglich?«
»Ich meine, daß jemand diese Teile sauber abgewischt hat. Eigenartig, wie?« Ellery zündete sich geistesabwesend eine Zigarette an. »Sehen Sie sich nur alles genau an. Das ist Euphemia Tarkles Tablett fürs Bett, ihr Essen, ihr Geschirr, ihr Besteck. Wir wissen, daß sie im Bett aß, und zwar allein. Aber wenn nur Euphemia das Besteck benutzt hat, wer hat dann die Fingerabdrücke abgewischt? Etwa sie? Warum sollte sie? Also jemand anders? Aber es wäre doch völlig sinnlos, Euphemias Spuren abzuwischen. Die sind doch nun wirklich zu Recht darauf. Folglich befanden sich außer den vermutlich darauf vorhandenen Fingerabdrücken von Euphemia auf diesem Eßbesteck auch noch andere. Jemand anders hat also Euphemias Besteck angefaßt. Warum? Allmählich«, sagte Ellery mit unheilverkündender Stimme, »sehe ich hier klar. Miss Curleigh, würden Sie als Gehilfin der Justiz fungieren?« Miss Curleigh, völlig hingerissen, konnte nur nicken. Ellery begann, die kalten Speisereste vom Tablett der Kranken in Papier einzuwickeln. »Bringen Sie das Zeug da zu Dr. Samuel Prouty – hier ist seine Adresse –, und bitten Sie ihn um eine Laboranalyse für mich. Warten Sie dort auf das Gutachten und kommen Sie dann wieder her. Versuchen Sie, in die Wohnung zu kommen, ohne daß Sie jemand beobachtet.«
»Das *Essen*?«
»Das Essen.«
»Sie denken also, es war –«
»Die Zeit zum Denken«, sagte Ellery gelassen, »ist fast abgelaufen.«
Als Miss Curleigh gegangen war, sah er sich noch ein letztes Mal gründlich um – einschließlich eines Blickes in etliche leere Schränke, die ganz neu aussahen. Er preßte die Lippen fest zusammen, schloß die Wohnungstür hinter sich ab, steckte den von Mrs. Potter empfangenen Zentralschlüssel ein, fuhr mit dem Aufzug ins Erdgeschoß und klingelte an der Potterschen Wohnung.
Ein kleiner, stämmiger Mann mit kantigem, grobem Gesicht öffnete die Tür, eine Mütze weit aus der Stirn geschoben. Im Hinter-

grund sah Ellery die aufgeregte Gestalt der Mrs. Potter herumgeistern. »Das ist der von der Polizei!« kreischte Mrs. Potter. »Harry, laß dich da bloß nicht in Sachen reinziehen –«
»Ach, Sie sind der Detektiv«, knurrte der stämmige Mann, ohne sich um seine fette Ehehälfte zu kümmern. »Ich bin hier der Hausmeister – Harry Potter. Eben komm' ich aus der Fabrik nach Hause, da sagt mir meine Frau, es is' was nich' in Ordnung bei den Tarkles. Was is'n da los, zum Donnerwetter?«
»Na, na, immer mit der Ruhe, Potter«, sagte Ellery. »Aber gut, daß Sie zu Hause sind. Ich brauche eine Auskunft, die ich vermutlich von Ihnen erhalten kann. Haben Sie oder Ihre Frau in letzter Zeit irgendwo im oder beim Haus tote Katzen gefunden?«
Potters Unterkiefer klappte herunter, und seine Frau röchelte vor Überraschung. »Tja, das is' schon 'ne verflixte Sache. Genau das haben wir nämlich. Meine Gattin sagt, oben in 5-C liegt eine tot rum – ich hätte nie geglaubt, ausgerechnet die beiden alten Jungfern könnten das –«
»Wo haben Sie sie gefunden, und wie viele waren es?« fragte Ellery barsch.
»Na, unten im Ofen vom Müllschlucker.«
Ellery schlug sich auf den Schenkel. »Natürlich! Jetzt sehe ich klar. Der Müllschlucker also. Es waren sechs, Potter, stimmt's?«
»Woher wissen Sie das?«
»Müllschlucker«, murmelte Ellery und kaute an seiner Lippe. »Die Knochen, nehme ich an – die Schädel?«
»Ja, genau«, rief Potter. Es hörte sich bekümmert an. »Hab' sie selber gefunden. Jeden Morgen mach' ich den Aschenkasten leer. Sechs Katzenschädel und ein ganzer Haufen von Knöchelchen. Ich hab' hier den Mietern die Hölle heiß gemacht, weil ich wissen wollte, welcher Idiot das Zeug in den Müllschlucker geschmissen hat. Aber die taten alle so, als wüßten sie von nichts. Die Biester kamen nicht alle auf einmal runter. Das zieht sich jetzt vielleicht schon vier oder fünf Wochen lang hin. Eines pro Woche, so etwa. Wehe, wenn ich die erwische –«
»Wissen Sie bestimmt, daß Sie sechs gefunden haben?«

»Ganz genau.«
»Und nichts, was sonst noch verdächtig wäre?«
»Nein.«
»Vielen Dank. Ich nehme nicht an, daß noch weitere Probleme anfallen. Denken Sie am besten gar nicht mehr darüber nach.« Und Ellery drückte dem Mann einen Geldschein in die Hand und schlenderte zur Vorhalle hinaus.
Weit schlenderte er nicht. Nicht weiter als bis zu den Stufen, die vom Gehsteig aus in das Untergeschoß und den Keller führten. Fünf Minuten später verschaffte er sich unauffällig wieder Zutritt zur Wohnung 5-C.
Als Miss Curleigh am Spätnachmittag vor der Tür zu 5-C stehenblieb, fand sie sie verschlossen. Sie hörte aber drinnen Ellerys Gemurmel und einen Augenblick später das Klicken eines Telefonhörers. Beruhigt drückte sie auf den Klingelknopf. Er kam augenblicklich an, zog sie herein, schloß geräuschlos wieder ab und führte sie ins Schlafzimmer, wo sie auf einen Rosenholzstuhl niedersank, bittere Enttäuschung in dem hübschen Gesichtchen.
»Vom Fronteinsatz zurück, wie ich sehe. Na, Kollegin, Glück gehabt?«
»Sie müssen richtig geschafft sein«, sagte Miss Curleigh besorgt. »Es tut mir leid, daß ich Ihnen nicht besser helfen konnte –«
»Was hat Dr. Prouty gesagt?«
»Nichts Ermutigendes. Ich mag Ihren Dr. Prouty, auch wenn er Gerichtsmediziner oder sowas ist und ein urkomisches Käppchen trägt. Nur seine Gutachten sind nicht gerade mein Fall. Sagt der doch glatt, mit dem Essen, das Sie mir mitgegeben hatten, sei alles in bester Ordnung! Durchs Stehen ein wenig verdorben, aber sonst keine Zusätze.«
»Na, das ist ja ganz schlimm«, sagte Ellery munter. »Immer mit der Ruhe, Diana, und Kopf hoch. Sie hätten mir kein besseres Ergebnis liefern können.«
»Kein bess-« setzte Miss Curleigh schwer atmend zum Sprechen an.
»Es untermauert meine Theorie mit Tatsachen. Wir sind«, und er

zog einen Stuhl heran und setzte sich ihr gegenüber, »am Ziel. Übrigens, hat Sie beim Hereinkommen irgendwer gesehen?«
»Ich habe mich übers Untergeschoß ins Haus geschlichen und von da den Aufzug genommen. Gesehen hat mich bestimmt niemand.«
»Sehr lobenswert. Ich glaube, wir können uns jetzt Zeit lassen. Ich hatte etwa eine Stunde Zeit zum Überlegen, und das Ergebnis ist zufriedenstellend, wenn auch widerlich.« Ellery zündete sich eine Zigarette an und schlug lässig die Beine übereinander. »Sagen Sie, Miss Curleigh, warum sollte sich eine betuchte alte Dame, die fast völlig gelähmt ist, im Laufe von fünf Wochen heimlich sechs Katzen kaufen?«
Miss Curleigh zuckte die Achseln. »Ich sagte Ihnen ja schon, daß das meine Begriffe übersteigt. Für mich ist das ein unlösbares Rätsel.«
»Na, *so* mysteriös ist es nun auch wieder nicht. Also schön, ich helfe Ihnen auf die Sprünge. All diese Katzen, die sich eine verschrobene Alte in so kurzer Zeit kauft – das läßt an Tierversuche denken. Aber keine der beiden Schwestern Tarkle betätigt sich irgendwie wissenschaftlich. Das scheidet also aus. Einverstanden?«
»O ja«, sagte Miss Curleigh verblüfft. »Das ist mir schon klar. Und zur Gesellschaft brauchte Euphemia sie ganz bestimmt nicht, sie haßt ja Katzen!«
»Eben. Forschen wir weiter. Zur Mäusebekämpfung? Nein, laut Mrs. Potter ist das Haus hier frei von Ungeziefer. Zur Zucht? Wohl kaum. Sarah-Anns Katze war ein Kater, und Euphemia kaufte ebenfalls nur Kater. Außerdem waren es einfach irgendwelche Miezen, und für Kätzchen ohne Stammbaum gibt man sich doch keine Mühe als Kupplerin.«
»Vielleicht hat sie sie zum Verschenken gekauft«, sagte Miss Curleigh mit einem Stirnrunzeln. »Immerhin möglich.«
»Möglich, aber kaum anzunehmen«, sagte Ellery trocken. »Vor allem nicht dann, wenn einem die Tatsachen bekannt sind. Der Hausmeister fand Knochen von sechs Katzen unten in der Asche

bei der Müllverbrennungsanlage, und der andere Kater liegt mausetot drüben in der Badewanne.« Sprachlos starrte ihn Miss Curleigh an. »Damit sind wir die einigermaßen einleuchtenden Erklärungen wohl durchgegangen. Können Sie sich nun noch ein paar ausgefallenere vorstellen?«
Miss Curleigh erbleichte. »Doch nicht etwa wegen des Fells?«
»Eins rauf!« sagte Ellery lachend. »Unbestreitbar ausgefallen. Nein, nicht wegen des Fells, ich habe in der Wohnung nirgends ein Fell gefunden. Und überdies, wer auch immer den Kater in der Badewanne getötet hat: der ist und bleibt zwar blutig, aber eben nicht abgehäutet. Auch denke ich, daß wir die noch ausgefallenere These einer Verwendung zum Verzehr fallenlassen können. Für kultivierte Menschen ist das Schlachten von Katzen ziemlich anrüchig, eine Art Kannibalismus. Um Schwester Sarah-Ann zu erschrecken? Schwerlich. Sarah ist an Katzen gewöhnt und mag sie. Um Schwester Sarah tödliche Kratzwunden zuzufügen? Dazu gehören vergiftete Krallen. Aber in diesem Fall wäre Euphemia in gleicher Gefahr wie Sarah-Ann, und wozu dann gleich sechs Katzen? Als Führer? Euphemia ist nicht blind, und außerdem verläßt sie ohnehin niemals das Bett. Fällt Ihnen sonst noch etwas ein?«
»Ach, das ist doch alles *lächerlich!*«
»Verunglimpfen Sie doch nicht so lieblos meinen ungehemmten Gedankenflug. Lächerlich vielleicht, aber bei einer Ausschlußdiagnose dürfen Sie selbst offenkundigen Unsinn nicht verwerfen.«
»Na, ich hätte da noch eine These, die kein Unsinn ist«, sagte Miss Curleigh plötzlich. »Der reine Haß. Euphemia verabscheute Katzen. Und da sie wahnsinnig ist, wie ich annehme, hat sie sie einzig und allein aus Lust am Töten gekauft.«
»Und unweigerlich schwarze Katzen mit grünen Augen, alle gleich groß?« Ellery schüttelte den Kopf. »So geplant und zielgerichtet äußert sich ein Wahn wohl kaum. Außerdem verabscheute sie Katzen schon, ehe sich Sarah-Ann diesen bestimmten Kater bei Ihnen kaufte. Nein, da gibt es nur noch eines, das ich mir vorstellen kann, Miss Curleigh.« Er sprang vom Stuhl auf und be-

gann auf und ab zu gehen. »Es ist nicht nur die einzige verbleibende Möglichkeit, sondern es ist auch mehrfach belegt ... *Schutzbedürfnis.*«

»Schutz?« Miss Curleighs unwiderstehliche Augen weiteten sich. »Aber Mr. Queen, wie soll das zugehen? Zum Schutz kauft man sich einen Hund und nicht eine Katze.«

»Diese Art Schutz meine ich nicht«, sagte Ellery ungeduldig. »Ich denke an eine Zufallskombination von Selbsterhaltungstrieb im Verbund mit Haß auf das Katzengeschlecht, der diese Tiere zum idealen Testwerkzeug machte. Die Sache ist wirklich abscheulich. In jeder Hinsicht. Euphemia Tarkle hatte Angst. Wovor? Daß sie ihres Geldes wegen umgebracht werden könnte. Das geht lang und breit aus dem Brief hervor, den sie ihrem Neffen Morton schrieb, und es wird erhärtet durch ihren notorischen Geiz, ihr Mißtrauen gegenüber Banken und ihre Abneigung gegen die leibliche Schwester. Wie sollte also eine Katze Schutz vor Mordanschlägen bieten können?«

»Gift!« rief Miss Curleigh.

»Sehr richtig. *Zum Vorkosten.* Da haben Sie den Rückzug ins finsterste Mittelalter! Läßt sich diese Vermutung bestätigen? Mehrfach. Euphemia hatte es sich in letzter Zeit angewöhnt, allein zu essen; das deutet auf geheime Machenschaften hin. Dann bestellte sie fünfmal innerhalb kürzester Zeit eine neue Katze. Wozu? Offenbar doch, weil jedesmal die Katze, die sie bei Ihnen gekauft hatte, die ihr übertragene Mission erfüllt hatte, ihr Essen gekostet hatte und den Weg allen versklavten Fleisches gegangen war. Die Katze starb jeweils an Vergiftung, und zwar durch das Essen, das für Euphemia bestimmt war. Folglich mußte sie sie ersetzen. Endgültiger Beweis: die sechs Katzenskelette im Müllschlucker.«

»Aber sie kann doch nicht gehen«, erhob Miss Curleigh Einspruch. »Wie hätte sie da die Leichen beseitigen können?«

»Ich nehme an, die hat Mrs. Potter in ihrem Auftrag unwissentlich beiseite geschafft. Sie erinnern sich doch, wie Mrs. Potter sagte, sie sei öfter gerufen worden, um für Euphemia Abfall zum Müllschlucker zu bringen, wenn Sarah-Ann ausgegangen war.

Und dieser ›Abfall‹, vermutlich gut verpackt, war jedesmal eine Katzenleiche.«
»Aber weshalb nur schwarze, grünäugige Kater von gleicher Größe?«
»Sonnenklar. Weshalb? Nun, offenbar wiederum *im Bestreben, Sarah-Ann zu täuschen.* Weil Sarah-Ann einen schwarzen Kater bestimmter Größe mit grünen Augen besaß, kaufte Euphemia stets gleichartige Tiere bei Ihnen. Ihr einziger Beweggrund hierfür mußte also sein, Sarah-Ann vorzuspiegeln, daß der schwarze Kater, der ihr in der Wohnung dauernd über den Weg lief, ihr eigener, also der erste, sei. Daraus läßt sich natürlich schließen, daß Euphemia Sarah-Anns Kater zur Abwehr des ersten Mordanschlags verwendet hatte und Sarah-Anns Kater somit das erste Opfer des tödlichen Giftes wurde. Als er dann starb, kaufte Euphemia bei Ihnen einen anderen – ohne Wissen ihrer Schwester. Wie Euphemia den Verdacht schöpfen konnte, sie sei zum gewaltsamen Tod durch Gift ausersehen, und dies genau zum Zeitpunkt des ersten Mordversuchs, das werden wir nie erfahren. Wahrscheinlich war es purer Zufall, eine vage Ahnung – bei einer alten Dame mit einem Spleen weiß man das nicht so genau.«
»Aber wenn sie dauernd versucht hat, Sarah-Ann mit den Katzen hinters Licht zu führen«, flüsterte Miss Curleigh entsetzt, »dann hatte sie ja schon den Verdacht –«
»Natürlich. Sie verdächtigte ihre Schwester der Absicht, sie vergiften zu wollen.«
Miss Curleigh biß sich auf die Lippe. »Würden Sie mir jetzt bitte eine Zigarette geben?« Ellery stand zu Diensten. »Das ist das Entsetzlichste, das ich je gehört habe. Zwei alte Frauen, Geschwister, praktisch allein auf der Welt, und aufeinander angewiesen, die eine zur Betreuung, die andere zur Unterstützung, das Zusammenleben ein einziges Sich-Bespitzeln – und die Gelähmte machtlos gegen Anschläge auf ihr Leben ...« Sie erschauerte. »Aber was ist nun wirklich mit den beiden armen Geschöpfen geschehen, Mr. Queen?«
»Na, gehen wir es mal durch. Euphemia ist verschwunden. Wir

wissen von mindestens sechs Versuchen, sie zu vergiften, jedesmal ohne Erfolg. Da ist die Annahme nur logisch, daß es noch einen siebenten Versuch gab und daß – nachdem Euphemia nun unter rätselhaften Umständen verschwunden ist – *dieser siebente Versuch geglückt ist.*«

»Aber woher wissen Sie so genau, daß sie tot ist?«

»Wo ist sie denn?« fragte Ellery trocken. »Die einzige Alternative wäre, daß sie geflüchtet ist. Aber sie ist hilflos, sie kann nicht gehen, nicht ohne Hilfe aufstehen. Wer kann ihr helfen? Nur Sarah-Ann, also eben diejenige, die sie des versuchten Giftmordes verdächtigen muß. Der Brief an ihren Neffen beweist, daß sie sich nicht an Sarah-Ann wenden will. Flucht scheidet somit aus. Da sie aber verschwunden ist, muß sie tot sein. Nun passen Sie gut auf. Euphemia wußte, daß sie das Ziel eines Mordanschlags mittels vergifteter Speisen war, und sah sich dagegen vor; was aber konnte schließlich ihr Abwehrsystem durchbrechen – Beweis: die siebente, erschlagene Katze? Nun, wir dürfen annehmen, daß Euphemia die siebente Katze von dem Essen kosten ließ, das wir auf dem Tablett fanden. Aus Dr. Proutys Gutachten wissen wir, daß diese Mahlzeit nicht vergiftet war. Also ist die Katze nicht an Gift in dem Essen verendet – was noch durch die Tatsache erhärtet wird, daß sie erschlagen wurde. Wenn aber die Katze nicht an vergiftetem Essen starb, dann auch nicht Euphemia. Doch alles deutet darauf hin, daß sie an Gift gestorben ist. Dafür gibt es nur eine Erklärung: sie starb an Vergiftung, jedoch nicht durch das Essen, sondern beim Essen.«

»Das ist mir unklar«, sagte Miss Curleigh gespannt.

»Das Besteck!« rief Ellery. »Ich hatte Ihnen doch schon am frühen Nachmittag bewiesen, daß außer Euphemia noch jemand anders die Besteckteile angefaßt hat. Deutet dies nicht darauf hin, daß beim siebenten Versuch das Besteck vergiftet worden war? Wenn beispielsweise die Gabel in ein farb- und geruchloses Gift getaucht wurde und dieses angetrocknet war, dann hätte sich Euphemia überlisten lassen. Die Katze, der sie Bröckchen mit der Hand vorwarf – denn eine Katze füttert man nicht mit dem Besteck – hätte überlebt. Und Euphemia, die mit vergiftetem Besteck aß, wäre gestorben. Es leuchtet auch vom Psychologischen her ein. Es ist begreiflich, daß auf sechs mißlungene Versuche nach gleicher Methode ein verzweifelter siebenter Versuch mit abgewandeltem Verfahren folgte. Dieser verlief erfolgreich, und Euphemia, meine Liebe, hat es nicht überlebt.«

»Aber ihre Leiche – Wo –«

Ellery wechselte jäh den Ausdruck, und schon war er lautlos und mit einem Satz an der Tür. Er stand einen Augenblick in extrem angespannter Haltung da, dann packte er Miss Curleighs zur Salzsäule erstarrte Gestalt äußerst unsanft, schubste sie energisch in einen der Einbauschränke im Schlafzimmer und schloß die Tür hinter ihr. Miss Curleigh, halb erstickt in einem wogenden Meer muffig riechender Frauenkleider, hielt den Atem an. Auch sie hatte das leise Scharren von Metall an Metall vor der Eingangstür gehört. Das mußte – nach Mr. Queens schneller Reaktion – der Täter sein. Warum war er zurückgekommen? schoß es ihr durch den Kopf. Der Schlüssel, den er benutzte – natürlich – ein Zweitschlüssel. Als sie ihn zuvor überrascht hatten und er die Tür verbarrikadiert hatte, mußte er über das Dach und den Feuerausstieg in die Wohnung eingedrungen sein, denn da konnte er den Schlüssel nicht benutzen ... es konnte ja jemand in der Diele stehen ...

Ihre Gedanken rissen ab. Eine heisere Stimme – Kampfgeräusche – ein dumpfer Krach ... Da war eine Schlägerei im Gange!

Miss Curleigh sah rot. Sie stieß die Tür des Kleiderschranks auf und stürzte heraus. Ellery lag in einem Knäuel wild um sich schlagender Arme und Beine auf dem Fußboden. Eine Hand mit einem Messer reckte sich hoch ... Miss Curleigh sprang los und stieß in blitzartigem Abwehrreflex mit dem Fuß zu. Es gab einen scharfen Knacks, und sie schwankte in einem Schwindelanfall rückwärts, als das Messer einer gebrochenen Hand entglitt.

»Die Tür!« keuchte Ellery, während er ein Knie brutal herunterdrückte. Durch ein Brausen in den Ohren hörte Miss Curleigh das heftige Pochen an der Tür und taumelte hin. Das letzte, das sie

wahrnahm, ehe sie das Bewußtsein verlor, war ein Gewimmel blaugekleideter Gestalten, als Polizeibeamte an ihr vorüberdrängten, um die Kämpfenden zu überwältigen.
»So, jetzt ist es wieder gut«, sagte eine Stimme von weit her, und Miss Curleigh öffnete die Augen und erkannte über sich gebeugt Mr. Queen, gefaßt und wie aus dem Ei gepellt. Sie hob verstört den Kopf. Der Kamin, die gekreuzten Degen an der Wand . . .
»Keine Angst«, erklärte Ellery grinsend, »das ist keine Entführung. Die Schlacht ist geschlagen. Alles ist vorüber, und Sie liegen auf dem Sofa in meiner Wohnung.«
»Oh«, sagte Miss Curleigh und schwang unsicher die Beine zum Fußboden hinunter. »Ich – ich sehe sicher unmöglich aus. Was ist denn passiert?«
»Den Bösewicht haben wir erwischt. Jetzt ruhen Sie sich aus, Verehrteste, ich will nur rasch eine Tasse Tee –«
»Unsinn!« wehrte Miss Curleigh schroff ab. »Los, reden Sie.«
»Nun, was interessiert Sie?«
»*Wußten* Sie denn, daß dieser Kerl noch einmal herkommen würde?«
Ellery zuckte die Achseln. »Es war ziemlich klar vorauszusehen. Euphemia war vergiftet worden, offenkundig ihres versteckten Geldes wegen. Und sie war ganz bestimmt nicht später als gestern ermordet worden – denken Sie an die Milchflasche von gestern –, vielleicht auch schon am Abend vorher. Hatte der Mörder nach der Tat das Geld gefunden? Wer war dann wohl der geheimnisvolle Eindringling, den wir heute nachmittag überraschten und der erst die Tür verrammelte und dann durchs Fenster flüchtete? Das muß der Mörder gewesen sein. Wenn er aber einige Zeit nach der Tat zurückkehrte, dann konnte er das Geld unmittelbar nach Ausführung des Verbrechens nicht gefunden haben. Möglicherweise hatte er in dieser Situation so viel um die Ohren, daß ihm zur Suche keine Zeit mehr blieb. Jedenfalls überraschten wir ihn bei seiner Rückkehr – wahrscheinlich gleich nachdem er das Bett zerwühlt hatte. Es war durchaus möglich, daß er das Geld noch immer nicht gefunden hatte. Wenn das zutraf, war mir klar, daß er

noch einmal wiederkommen würde – schließlich hatte er deshalb den Mord begangen. Also ließ ich es darauf ankommen, daß er zurückkehren würde, wenn nach seiner Meinung die Luft rein war, und so kam es dann auch. Während Sie zu Dr. Prouty unterwegs waren, verständigte ich die Polizei und bat um Unterstützung.«

» *Wußten* Sie denn, wer es war?«

»O ja. Es ließ sich leicht beweisen. Vor allen Dingen mußte der Täter leichten Zugang zum Tatort haben; das heißt, um die wiederholten Giftmordversuche verüben zu können, mußte der Täter Kontakt zu Euphemia, oder besser ihrem Essen, haben – und dies zumindest seit Beginn der Mordanschläge, also vermutlich seit etwa fünf Wochen. Tatverdächtig war allem Anschein nach die Schwester. Für Sarah-Ann gab es ein Motiv – Haß und möglicherweise Geldgier – und gewiß auch Gelegenheit, da sie ja das Essen zubereitete. Doch Sarah-Ann konnte ich aus einleuchtendem Grund ausschließen. Denn wer hatte die siebente Katze so grausam erschlagen? Auf den ersten Blick zweifellos entweder das Opfer oder der Mörder. Euphemia konnte es freilich nicht gewesen sein, da die Katze im Badezimmer getötet worden war und Euphemia gelähmt und gehunfähig im Schlafzimmer lag. Diese Katze mußte somit der Mörder getötet haben. Wenn dies Sarah-Ann war, würde sie eine Katze totschlagen – sie, die Katzen abgöttisch liebte? Unvorstellbar. Folglich scheidet Sarah-Ann als Täter aus.«

»Ja, aber –«

»Ich weiß. Was ist mit Sarah-Ann geschehen?« Ellery verzog das Gesicht. »Sarah-Ann ist, wie ich fürchte, den gleichen Weg gegangen wie die Katze und ihre Schwester. Der Täter muß den Plan gehabt haben, Euphemia zu töten und dies so darzustellen, als ob Sarah-Ann – die offenkundige Tatverdächtige – sie umgebracht hätte. Dann müßte freilich Sarah-Ann am Tatort sein. Nur ist sie nicht da. Für mich deutet ihr Verschwinden darauf hin – ich denke, das Geständnis wird mir recht geben –, daß sie zufällig zur Tatzeugin wurde und vom Mörder auf der Stelle getötet wurde, damit

es keinen Zeugen für das Verbrechen gab. Unter anderen Umständen hätte er sie auf keinen Fall umgebracht.«
»Haben Sie das Geld gefunden?«
»Ja. Es lag ganz offen zwischen den Seiten einer Bibel, die Euphemia in Reichweite liegen hatte.« Er zuckte die Achseln. »Frei nach Edgar Allan Poe.«
»Und die Leichen . . .?«
»Ganz klar –«, Ellery lächelte, »der Müllschlucker. Als Verfahren zur Beseitigung ergab sich das ganz logisch. Und die zarten Körper . . . Nun, ich muß wohl nicht zu sehr ins einzelne gehen.«
»Aber das bedeutet . . . Wer war denn der gräßliche Kerl auf dem Fußboden? Den hatte ich noch nie gesehen. Es war doch nicht etwa Mr. Mortons Vater –?«
»Nein, nein, Miss Curleigh«, sagte Ellery. »Niemand außer Sarah-Ann und Euphemia hielt sich ständig in der Wohnung auf, doch der Mörder hatte über einen Monat lang Zugang zum Essen der Gelähmten, offenbar ohne Verdacht auszulösen. Wer kam dafür in Frage? Nur eine Person: der Mann, der seit Wochen am Spätnachmittag und Abend die Wohnung renovierte – gerade um die Essenszeit –; der Mann, der in einem Chemiewerk arbeitete und sich deshalb besser als jeder andere mit giftigen Substanzen auskannte, die ihm frei zur Verfügung standen; der Mann, der den Müllschlucker versorgte und deshalb seine menschlichen Opfer – wie auch deren Asche – ohne irgendein Risiko beseitigen konnte. Kurzum«, sagte Ellery, »es war der Hausmeister, Harry Potter.«

Der niederträchtige Vetter

Leslie Charteris

Als Simon Templar in Los Angeles eintrat, hing eine bleierne Wolkendecke am Himmel, und es wehte ein kühler Wind. Ein paar müde Regentropfen feuchteten die Straße an und besprenkelten seine Mantelschultern. Der Gepäckträger, der seine Taschen in ein Taxi verfrachtete, wollte ihm einreden, dieses Wetter sei überhaupt nicht normal, und da fühlte er sich sogleich zu Hause.

Später dann, behaglich ausgestreckt auf einem Sofa im Wohnzimmer seines Apartments in dem Hotel in Hollywood, dem er die etwas zweifelhafte Ehre seiner Gastrolle zu erweisen beschlossen hatte, mit einem Whisky-Cocktail in Reichweite und einer frisch angezündeten, friedlich glimmenden Zigarette zwischen den Lippen, blätterte er in dem Adreßbuch auf seinem Knie und überlegte, welche Schritte nun noch vonnöten wären, um das Vorgefühl willkommener Rückkunft zu stärken.

Er war nicht geschäftlich hier. Um es ganz genau zu sagen: nicht eine einzige Etappe des monatelangen, unbekümmerten Umherstreifens, womit er soeben sein Vorhaben, sich von Küste zu Küste quer durch Amerika treiben zu lassen, vollendet hatte, war er mit geschäftlichen Absichten angegangen. Wenn Geschäfte dann doch bei mehr als einem Anlaß in den Vordergrund gerückt waren, so deshalb, weil Simon Templar das Abenteuer auf seine Weise anzog, kraft eines ebenso rätselhaften wie unumgänglichen Naturgesetzes, das auch einen Magneten zwingt, Stahl anzuziehen, oder einem Politiker zwangsläufig Aufmerksamkeit verschafft; und wenn ein gut Teil dieser Geschäfte vom Auge des Gesetzes nicht gerade mit Wohlwollen betrachtet wurde – oder doch nicht mit Wohlwollen betrachtet worden wäre, hätte das Auge des Gesetzes vollständigen Einblick gehabt –, so deshalb, weil Simon Templars Geschäfte unglückseligerweise in jene Kategorie fielen, die manchen Zeitgenossen allen Grund zu der Frage gab, welchen Anspruch er auf den Spitznamen »Saint« hatte, worunter er weitaus bekannter war als unter seinem standesamtlich eingetragenen Namen. Zwar richteten sich seine freibeuterischen Raubzüge, die ihm den Ehrentitel eines modernen Robin Hood eingetragen hatten, unweigerlich gegen den Besitz und gelegentlich auch gegen die Person von Mitbürgern, die man auch bei mildester Beurteilung nicht gerade ehrenwert zu nennen vermochte; doch derlei geringfügige Einzelheiten pflegte das Gesetz ja geflissentlich zu übersehen. In den Augen des Saint war das Gesetz eine schwerfällige und monströs aufgeblähte Institution, deren Existenzberechtigung hauptsächlich in den lustigen, melodischen Explosionsgeräuschen bestand, die es von sich gab, wenn er es verletzte.

Jetzt hatte er überhaupt nichts Geschäftliches im Sinn. In Hollywood hatte er viele echte Freunde, unter denen nur wenige den Sensationsmeldungen, die sich in weniger kultivierten Kreisen um seinen Namen rankten, größere Beachtung schenkten, und das augenblickliche Problem für ihn war nun lediglich, welchem dieser Freunde er als erstem die überraschende Nachricht seines Eintreffens übermitteln sollte. Bei einem Namen nach dem anderen hielt er inne und rief sich die zugehörige Person ins Gedächtnis: wichtige Leute aus der Filmbranche, Regisseure, Autoren, Schauspieler und Schauspielerinnen (bekannte und unbekannte Größen), und dazu eine Reihe gewöhnlicher Sterblicher. Er wünschte sich – ja, was wünschte er sich? Ein aufregendes Flair, vorzugsweise weiblich, Schönheit, ein wenig von jenem Glanz, jener heiteren Unwirklichkeit, mit denen sich der Name Hollywood in der Phantasie und vielleicht sogar in der Wirklichkeit untrennbar verbindet. Er wünschte sich sehnlichst etwas in dieser Richtung. Zuletzt hatte er im Staat Utah Station gemacht . . .

Da war ein Mädchen namens Jacqueline Laine, und sie fiel Simon plötzlich ein, wie man sich manchmal an Menschen erinnert – mit einem Gefühl bestürzender Vertrautheit und einer Art schuldbeladenen Staunens, daß er sie so lange Zeit einfach aus seinem Gedächtnis hatte entschwinden lassen. Bei der Wiederkehr der Erinnerung gab es kein Zögern mehr. Sie und niemand sonst war ohne Frage *die* eine Person auf der Welt, die er in diesem Augenblick anrufen mußte.

Er griff nach dem Telefonhörer.

»Hallo, Jacqueline«, sagte er, als sie sich meldete. »Wissen Sie, wer ich bin?«

»Ja, natürlich«, sagte sie. »Franklin D. Roosevelt.«

»Sie haben ein phantastisches Gedächtnis. Pflegen Sie noch zu essen?«

»Ja, wenn ich durstig bin. Und Sie?«

»Ich knabbere mich so durch. Gehen Sie heute abend mit mir aus, dann wollen wir sehen, ob wir uns gegenseitig noch ertragen.«

»Simon, das fände ich herrlich, aber ich bin gerade mitten in einem irrsinnigen Chaos –«

»So geht es uns doch allen, Liebste. Aber es ist zwei Jahre her, seit ich Sie zuletzt gesehen habe, und das sind gut und gern siebenhundertdreißig Tage zuviel. Ist Ihnen eigentlich nicht klar, daß ich um die halbe Welt gereist bin, daß ich allen nur denkbaren Gefahren getrotzt und reihenweise feuerspeiende Drachen erschlagen habe, nur damit ich rechtzeitig hier ankomme, um Sie heute abend zum Essen auszuführen?«

»Ich weiß, aber – Ach, lassen wir das. Es wäre aufregend, Sie wiederzusehen. Kommen Sie gegen sieben vorbei, und ich werde inzwischen versuchen, ein wenig Abstand zu gewinnen.«

»Ich komme«, sagte der Saint.

Er brachte einen Teil der verbleibenden Zeit damit zu, sich einen Wagen anzuschaffen, und kurz nach halb sieben lenkte er diesen in den nach Westen zurückflutenden Verkehr zwischen den Filmateliers und Beverly Hills. Irgendwo am Sunset Boulevard bog er rechts ab und erklomm eine der kurvenreichen Straßen, die ins Bergland führen. Soeben begannen die Straßenlampen, das weite Panorama der unter ihm hingebreiteten Städte mit ihrem funkeln-

den geometrischen Netzmuster zu überziehen, als der Wagen sanft immer höher in die lichte blaugraue Dämmerung emporglitt.
Mit der Sicherheit lebendiger Erinnerung fand er sich zurecht, und es war noch volle zehn Minuten zu früh, als er den Wagen vor dem Gartentor zu Jacqueline Laines Haus auf einem Abstellplatz neben der Fahrbahn parkte. Er stieg aus und ging auf das Tor zu, wobei er sich eine Zigarette anzündete, und als er näher herankam, stellte er fest, daß aus der Gegenrichtung jemand anders auf eben dieses Tor zuging. Als er ein wenig nach links auswich, damit der scheidende Gast bequem an ihm vorbeikäme, sah der Saint, daß es ein kleiner älterer Herr war, mit derart formlosen und schlechtsitzenden Kleidern angetan, daß seine Gestalt den grotesken Eindruck erweckte, als sei sie aus einer Sammlung ausgestopfter Stoffbeutel locker und liederlich zusammengebunden. Er trug einen verblichenen Panamahut von absurd-eleganter Machart und unter dem linken Arm einen unsäglichen grünen Regenschirm, eingerollt und dennoch mit hilflos flatternden, schmuddeligen Zipfeln. Sein Gesicht war rosig und so knollig wie sein Körper und sah aus, als sei es aus etlichen Klumpen rosafarbener Knetmasse wahllos zusammengeklatscht.
Während Simon nach links trat, machte der ältere Herr das Ausweichmanöver mit. Simon machte kehrt und scherte zuvorkommend nach rechts aus. Der ältere Herr tat es ihm genau gleich, als sei er Simons Ebenbild in einem Zerrspiegel. Da blieb Simon stehen und beschloß, Energie zu sparen, indem er den älteren Herrn die nächsten Tanzschritte in diesem komischen Ballett selbst wählen ließ.
Daraufhin entdeckte er, daß die Komödie beiderseitiger Ausweichversuche, in der er sich soeben auf Preisgabe seines Parts eingestellt hatte, sich aus dem vage erkennbaren Bestreben des älteren Herrn ableitete, mit ihm ins Gespräch zu kommen. Jener stand vor ihm und blinzelte aus dem Flachland kurzsichtig in die Höhenluft um den Saint auf, den Mund nach unten klaffend wie ein umgedrehtes U, dem drei lange gelbe Zähne wie Stalaktiten

von oben in die Wölbung ragten, tippte ihn an die Brust und sagte ganz ernsthaft und klar vernehmlich: »Hig fwmgn glugl phnihklu hgrm skhlglgl?«
»Wie bitte?« sagte der Saint unsicher.
»Hig fwmgn«, wiederholte der ältere Herr, »glugl phnihklu hgrm skhglgl?«
Simon überlegte.
»Wenn Sie mich fragen«, erwiderte er schließlich, »dann würde ich sagen: sechzehn.«
Das wulstige Gesicht des älteren Herrn schien in einen dunkleren Rosaton überzuwechseln. Er packte Simons Mantelaufschläge und schüttelte ihn leicht in unverkennbar heftiger Seelenpein.
»Flogh ghoglu sk«, flehte er, »klngt hu ughlgstghnd?«
Simon schüttelte den Kopf.
»Nein«, versetzte er nach reiflicher Überlegung, »Sie meinen wohl Leuchtkäfer.«
Der kleine Mann tanzte umher wie ein Gummipüppchen. Seine Augen verengten sich in verzweifelter Ratlosigkeit.
»Oghmighogho«, schrie er beinahe heraus, »klngt hu ughglstghnd? Ik ghln ngmnpp sktlghko! Klugt hu hgr? *Ik wgnt hlg phnihklu hgrm skhlglgl!*«
Der Saint seufzte. Von Natur aus war er jenen freundlich zugeneigt, die das Schicksal benachteiligt hatte, aber nun verstrich die Zeit, und er dachte an Jacqueline.
»Ich fürchte, nein, mein Bester«, murmelte er bedauernd. »Es gab mal einen, aber er ist gestorben. Tut mir leid, ich weiß es ganz sicher.«
Er klopfte dem älteren Herrn begütigend auf die Schulter, steuerte um ihn herum und entfernte sich aus der Hörweite der irren Blubberlaute, die krächzend und voller Verzweiflung hinter ihm durch die Dämmerung schollen. Zwei Minuten später war er bei Jacqueline.
Jacqueline Laine war dreiundzwanzig; sie war groß und schlank, hatte funkelnde graue Augen und einen verführerischen Mund. Diese Reize ließ sie spielen, während sie auf ihn zuging; er hinge-

gen war noch immer leicht erschüttert von der vorangegangenen Begegnung.
»Am Tor hatte ich eine interessante Begegnung. Ist das Ihr derzeitiger Verehrer?«
Sie mußte lachen.
»Ach, Sie meinen den alten Herrn mit dem Wolfsrachen? Ist er nicht einmalig? Ich glaube, bei dem ist auch noch eine Schraube locker. Schon den ganzen Tag lungert er hier herum – dauernd klingelt er bei mir und nuschelt mich an. Ich hatte ihn gerade zum dritten Mal weggeschickt. Hat er versucht, Sie anzusprechen?«
»Er gab sich unerhörte Mühe«, bestätigte Simon, »aber wir schafften es wohl nicht ganz, uns zu verständigen. Erst war ich ja regelrecht eifersüchtig, bis mir aufging, daß er Sie mit einem solchen Gebiß wohl doch nicht so gut küssen kann wie ich.« Flugs wollte er den Beweis hierfür antreten.
»Ich rudere noch hoffnungslos im Chaos«, sagte sie rasch. »Aber in fünf Minuten bin ich fertig. Mixen Sie sich einen Cocktail, während ich mich zurechtmache.«
In einer Ecke stand ein geöffneter Koffer und mitten im Zimmer eine halbgefüllte Reisetasche. Ringsherum am Boden lagen Papierstapel, auf dem Tisch ein paar zum Teil schon verpackte, undefinierbare Gegenstände. Es herrschte jene eigenartig kahle und ungastliche Atmosphäre, die ein Raum ausstrahlt, wenn man daraus all den geliebten, privaten Krimskrams, der ihn erst wohnlich macht, entfernt und nur noch die nackten Möbel belassen hat.
Der Saint hob die Brauen.
»Aha«, sagte er. »Sind Sie beim Umzug?«
»So etwa.« Sie zuckte die Achseln. »Auf alle Fälle beim Auszug.«
»Und wohin?«
»Das weiß ich nicht.«
Da fiel ihm ein, daß hier in diesem Raum noch jemand hätte sein müssen.
»Ist Ihre Großmutter nicht mehr hier?«
»Sie ist vor vier Wochen gestorben.«
»Das tut mir leid.«

»Sie war eine gute Seele. Aber sie war unglaublich alt. Wissen Sie, daß sie gerade siebenundneunzig geworden war?« Sie hielt einen Augenblick lang seine Hand. »Ich erzähle Ihnen das alles, wenn ich herunterkomme. Wissen Sie noch, wo die Flaschen stehen?«

»Elefanten und ich – wir vergessen nie etwas.«

Gewandt und mit artistischer Hingabe mischte er Whisky, Apfelschnaps, Wermut und Bitter, während er auf sie wartete und an die alte Dame dachte, die er so oft in diesem Zimmer gesehen hatte. Er erinnerte sich auch daran, mit welch grenzenloser, liebevoller Zuwendung Jacqueline sie stets bedacht hatte, wie sie dem eigenen Lebensgenuß freudig Grenzen setzte, um die Ansprüche einer unbewußten Tyrannin zu erfüllen, die niemand anderen zu ihrer Betreuung duldete, und er fragte sich, ob es einen vertretbaren Grund gab, das Ende eines solch langen Lebens zu bedauern. Sie hatte sich, wie er wußte, früher ihrerseits um Jacqueline gekümmert und sie wie ihr eigenes Kind aufgezogen, nachdem sie mit drei Jahren Waise geworden war; doch das Leben sollte ja der Jugend gehören . . . Er fand, es müsse für Jacqueline eine Erlösung sein, aber es war ihm klar, daß sie das nie so ausdrücken würde.

Pünktlich nach Ablauf der zugesagten fünf Minuten kam sie herunter. Sie hatte sich umgezogen und gekämmt, und das war offenkundig von mehr Erfolg gekrönt, als ihn jede andere Frau nach einer vor dem Spiegel aufgewandten vollen Stunde aufzuweisen vermocht hätte.

»Sie hätten zum Film gehen sollen«, sagte der Saint aus voller Überzeugung.

»Vielleicht tu' ich das noch«, meinte sie. »Ich muß mir ja nun meinen Lebensunterhalt verdienen.«

»Haben Sie das wirklich nötig?«

Sie nickte.

»Aber ich kann mich nicht beklagen. Bisher mußte ich nie arbeiten. Warum sollte ich jetzt nicht anfangen? Andere Leute müssen das ja auch.«

»Also deshalb ziehen Sie hier aus?«

»Das Haus gehört nicht mir.«

»Aber hat Ihnen die alte Dame denn nichts hinterlassen?«
»Sie hat mir ein paar Briefe vererbt.«
Der Saint verschüttete beinahe seinen Cocktail. Er ließ sich schwer auf die Tischkante nieder.
»Ein paar Briefe hat sie Ihnen vererbt? Nachdem Sie ihr praktisch wie eine Sklavin gedient hatten, seit Sie aus der Schule kamen? Was hat sie denn mit ihrem übrigen Besitz angestellt – etwa einem Tierheim vermacht?«
»Nein, das hat Harry geerbt.«
»Wer?«
»Ihr Enkel.«
»Ich wußte gar nicht, daß Sie noch einen Bruder haben.«
»Habe ich auch nicht. Harry Westler ist mein Vetter. Er ist – also, unter uns: er ist das schwarze Schaf. Er ist ein Spieler, und einmal war er wegen Scheckbetrugs im Gefängnis. In der Verwandtschaft wollte sonst niemand etwas mit ihm zu schaffen haben, und wenn man glaubt, was so über ihn erzählt wird, dann stimmt das vermutlich – nur Großmama hatte ihn ins Herz geschlossen. Sie glaubte einfach nicht, daß er zu etwas Unrechtem fähig wäre. Für sie war er eben ein Lausebengel. Na, Sie wissen ja, wie alt sie war . . .«
»Und nun hat sie ihm alles hinterlassen?«
»Praktisch alles. Ich zeige es Ihnen.«
Sie trat an eine Schublade des Schreibtisches und brachte ihm ein mit der Maschine beschriftetes Blatt Papier. Er sah, daß es eine Testamentsabschrift war, und ging gleich zu den Verfügungen über die einzelnen Legate über.

> Meiner lieben Enkelin Jacqueline Laine, die mich vier Jahre lang so sorgsam und selbstlos betreut hat, hundert Dollar und meine Briefe von Sidney Farlance, da ich weiß, daß sie für sie von höherem Wert sein werden als alles, das ich ihr sonst hinterlassen könnte.
> Meiner Köchin Eliza Jefferson und meinem Chauffeur Albert Gordon je hundert Dollar für treue Dienste.
> Was darüber hinaus von meinem Vermögen bleibt sowie mein Haus und meine persönliche Habe, meinem lieben Enkel Har-

ry Westler in der Hoffnung, dies möge ihm helfen, es im Leben noch so weit zu bringen, wie ich es ihm immer zugetraut habe.

Simon faltete das Blatt zusammen und ließ es mit spitzen Fingern auf die Tischplatte fallen, als fürchte er, sich daran anzustecken.

»Das darf doch nicht wahr sein«, sagte er hilflos. »Nach allem, was Sie für sie getan haben – in der gleichen Preislage abgespeist wie Köchin und Chauffeur! Und was ist mit Harry – der gedenkt wohl nichts dagegen zu tun?«

»Warum sollte er? Das Testament ist doch völlig eindeutig.«

»Warum sollte er nicht? Daß die alte Eule im letzten Stadium der Verkalkung nicht mehr alle Tassen im Schrank hatte, ist noch lange kein Grund, warum er nichts unternehmen sollte, um die Sache zurechtzurücken. Es muß doch genug für beide Enkel da sein.«

»So viel ist es nicht. Es stellte sich heraus, daß Großmama seit Jahren von ihrem Kapital gezehrt hatte. Es waren nur noch ungefähr zwanzigtausend Dollar da – und das Haus.«

»Na und? Davon könnte er doch die Hälfte abtreten.«

Jacqueline lächelte – ein ganz mattes kleines Lächeln.

»Sie kennen Harry nicht. Er ist – heikel. Natürlich war er inzwischen hier. Er hat schon einen Makler beauftragt, das Haus samt Mobiliar zu verkaufen. Er hat mir eine Woche Zeit zum Auszug gegeben, und übermorgen ist die Woche um . . . Ich konnte ihn einfach nicht um irgend etwas angehen.«

Simon zündete sich eine Zigarette an, als schmecke sie nach faulen Eiern, und blickte sich finster und feindselig im Raum um.

»So ein gemeiner Hund! Wirft Sie raus ins feindliche Leben, mit nichts als hundert Dollar.«

»Und den Briefen«, fügte sie trübsinnig hinzu.

»Was zum Kuckuck sind denn das für Briefe?«

»Es sind Liebesbriefe«, sagte sie, und da sah der Saint aus, als werde er gleich explodieren.

»Liebesbriefe?« wiederholte er mit fürchterlicher Stimme.

»Ja. Großmama hatte als junges Mädchen eine richtige Romanze. Ihre Eltern wollten das nicht weiter dulden, weil der junge Mann kein Geld hatte und nicht aus guter Familie stammte. Darauf wanderte er aus mit dem Vorsatz – typisch jugendlicher Überschwang –, in Südamerika sein Glück zu machen und sie dann mit einer goldenen Kutsche zu sich zu holen. Kurz darauf starb er irgendwo in Brasilien am Fieber, aber er schrieb ihr drei Briefe – zwei aus Britisch-Guayana und einen aus Kolumbien. Oh, ich kenne sie auswendig – ich mußte sie Großmama fast jeden Abend laut vorlesen, nachdem ihre Augen so sehr nachgelassen hatten und sie nicht mehr selbst lesen konnte. Die Briefe sind genau die banale Angelegenheit, die man in diesem Rahmen erwarten kann, aber für Großmama waren sie der kostbarste Besitz. Vermutlich war die Gute ernsthaft überzeugt, sie wären nun für mich ebenso kostbar.«

»Sie muß tatsächlich verrückt gewesen sein«, sagte der Saint.

Jacqueline kam heran und legte ihm die Hand auf den Mund.

»Sie war sehr gut zu mir, als ich ein Kind war«, sagte sie.

»Ich weiß, aber –« Simon hob entmutigt die Arme. Und dann fing er fast wider Willen zu lachen an. »Aber immerhin bedeutet das, daß ich gerade zur rechten Zeit wieder hier aufgetaucht bin. Und heute abend wollen wir uns so gut amüsieren, daß Sie nicht eine Minute lang an all das denken müssen.«

Vermutlich hatte er damit den Mund nicht einmal zu voll genommen, denn Simon Templar wandte für das hohe Ziel, sich zu amüsieren, all den unbekümmerten Schwung und die einfallsreiche Tatkraft auf, die er ansonsten in seinem Kampf gegen die Spitzfindigkeiten des Gesetzes benutzte. Doch auch wenn er sie alles vergessen ließ, so blieb es ihm im Gedächtnis, und als er ihr wesentlich später auf einen letzten Drink noch einmal ins Wohnzimmer des Hauses folgte, lenkten die trostlose Kulisse halb eingepackter Habseligkeiten und die Testamentsabschrift – noch immer auf dem Tisch, wo er sie abgelegt hatte – die Gedanken, mit denen er während des ganzen Abends unterbewußt gespielt hatte, wieder auf die oberste Ebene seines Bewußtseins.

»Wollen Sie Harry tatsächlich alles überlassen?« fragte er sie mit der für ihn typischen jähen Eindeutigkeit.

Das Mädchen zuckte die Achseln.

»Was kann ich sonst tun?«
»Ich habe eine Idee«, sagte der Saint, und seine blauen Augen blitzten vor diebischem Vergnügen, wie sie es noch nie darin wahrgenommen hatte.

Mr. Westler war keineswegs der Mann, dessen Begegnungen mit der Gerichtsbarkeit ihm übermäßige Sympathien für deren Wirken zu entlocken vermocht hatten. Als er daher sah, daß die Karte, die im Hotel für ihn abgegeben wurde, in der linken unteren Ecke einen Firmennamen mit dem Zusatz »Rechtsanwälte« trug, verspürte er ein plötzliches dumpfes Zwacken in der Magengrube, das man ihm schwerlich übelnehmen konnte. Eine kurze Überlegung indessen rief ihm ins Gedächtnis, daß eine andere Karte mit ähnlicher Inschrift unlängst der Vorläufer eines höchst willkommenen unverhofften Glückszufalles gewesen war, und mit dieser beruhigenden Vorstellung wies er den Pagen an, den Besucher zu ihm zu führen.
Mr. Tombs von der Anwaltskanzlei Tombs, Tombs & Tombs, als der er sich mit seiner Karte auswies, war ein großer, schlanker Mann mit sorgfältig gebürstetem weißem Haar, buschigen weißen Augenbrauen, einem goldgefaßten, fast auf die Nasenspitze herabgerutschten Kneifer an einem breiten schwarzen Band und einnehmend onkelhaftem Auftreten, das sehr rasch vollends bewirkte, daß sich Harry Westlers vorübergehend erschüttertes Selbstvertrauen neu festigte. Mit berufsbedingter Zielstrebigkeit, begleitet von berufsbedingter Selbstdarstellung, kam er zur Sache.
»Mein Besuch steht im Zusammenhang mit dem Besitz der – hm – verstorbenen Mrs. Laine. Meines Wissens sind Sie der Erbe.«
»Stimmt«, sagte Mr. Westler.
Er war ein dunkler Typ, auffallend gekleidet, mit kleinen habgierigen Augen und einem Gesicht, das fatal an das eines kranken Pferdes erinnerte.
»Wunderbar.« Der Anwalt legte die Fingerspitzen auf die Knie und lehnte sich vor, wobei er wohlwollend über den Rand seiner

Augengläser spähte. »Ich meinerseits vertrete die Bergwerkserschließungsgesellschaft ›Sesam‹.«

Dies hörte sich nahezu so an, als sei er der persönliche Sendbote Jehovas, doch Mr. Westlers Veranlagung ließ ihn lediglich den materiellen Vorteil wahrnehmen.

»Hatte meine Großmutter Aktien der Firma?« fragte er rasch.

»Hm – hm – nein. Also – hm – nein. Nicht direkt. Aber mir ist bekannt, daß sie im Besitz eines Briefes oder Dokumentes war, und dies ist für meinen Klienten von außerordentlichem Interesse.«

»Ein Brief?«

»Ganz richtig. Aber vielleicht sollte ich Ihnen die Umstände kurz darlegen. Ihre Großmutter war in ihrer Jugend – hm – einem gewissen Sidney Farlance sehr zugetan. Vielleicht hat sie Ihnen gegenüber irgendwann einmal von ihm gesprochen.«

»Ja.«

»Aus mancherlei Gründen weigerten sich ihre Eltern, der Verbindung zuzustimmen. Die jungen Leute indessen weigerten sich, sich damit abzufinden, und Farlance ging ins Ausland mit der Absicht, in der Ferne sein Glück zu machen und zu gegebener Zeit zurückzukehren, um seine Braut heimzuholen. Dieser Vorsatz wurde leider durch sein – hm – vorzeitiges Ableben in Brasilien durchkreuzt. Es hat jedoch den Anschein, daß er im Verlauf seiner Reisen durch Britisch-Guayana eine Bergwerkskonzession in einem äußerst unzugänglichen Gebiet erwarb. Nun ist Britisch-Guayana, wie Ihnen zweifellos bekannt ist«, fuhr Mr. Tombs in seiner nüchternen, schulmeisterhaften Sprechweise fort, »von alters her der anerkannte Ursprung der Legende von El Dorado, dem Goldenen König, von dem es heißt, er habe seinen Leib mit purem Gold überzogen und in den Wassern eines heiligen Sees namens Manoa wieder gewaschen –«

»Alles Geschwafel«, sagte Harry Westler, der sich nicht für Geschichte oder Mythologie interessierte. »Sagen Sie mir, was mit dieser Konzession ist.«

Mr. Tombs preßte mit schmerzlichem Ausdruck die Lippen aufeinander, fuhr jedoch fort.

»Damals hatte es nicht den Anschein, als lohne sich der Goldabbau in diesem Bezirk, und die Konzession wurde nicht genutzt und geriet in Vergessenheit. Dank neuzeitlicher Verfahren ließen sich dort allerdings vor kurzem Lagerstätten von nahezu märchenhaftem Wert feststellen, und mein Klient hat sich die Schürfrechte für ein ausgedehntes Gebiet gesichert. Bei der anschließenden Überprüfung dieser Rechte stieß man indessen auf die Existenz dieser kleinen – hm – vorrangigen Konzession, die seinerzeit Sidney Farlance erteilt worden war und die praktisch mitten auf dem Besitz meines Klienten liegt, in einem Gelände, das – hm – Versuchsschürfungen als eines der fündigsten Gebiete in diesem Bezirk ausgewiesen haben.«
Harry Westler verdaute diese Information, und das beklemmende Gefühl der Leere, das sich seines Magens bemächtigt hatte, als er das Wort »Rechtsanwälte« auf der Karte des Besuchers erblickte, wich einer jähen, ekstatischen Ehrfurcht, die ihm einen Krampf in den Lungen verursachte, als habe er zum Frühstück versehentlich einen Ballon verschluckt, der nun vermittels übernatürlicher Kräfte schnell aufgeblasen wurde.
»Sie wollen damit sagen, meine Großmutter war Inhaberin dieser Konzession?«
»Eben das – hm – bemüht sich mein Klient in Erfahrung zu bringen. Farlance selbst hat freilich keine Nachkommen hinterlassen, und wir konnten auch keine noch lebenden Verwandten ausfindig machen. Im Verlauf unserer Nachforschungen stießen wir jedoch auf seine – hm – Herzensbindung an Ihre Großmutter, und wir haben Grund zu der Annahme, daß er ihr unter diesen Umständen sicherlich das Nutzungsrecht an einem solchen Besitz übertragen haben würde, so zweifelhaft der Vermögenswert zu jener Zeit auch eingeschätzt werden mochte.«
»Und nun möchten Sie mich abfinden – geht es darum?«
»Hm – ja. Das heißt – hm – vorausgesetzt, daß unsere Ermittlungen ein Resultat erbringen und ein Rechtsanspruch anerkannt wird. Ich darf wohl sagen, daß mein Klient zu einer sehr großzügigen Abfindung bereit ist –«

»Dem wird nichts anderes übrigbleiben«, sagte Mr. Westler schroff. »Was ist da für mich drin?«
Der Anwalt hob abwehrend die Hände.
»Sie können ganz unbesorgt sein, mein Herr. Der genaue Betrag wäre natürlich Verhandlungssache, aber er dürfte sich zweifellos auf etliche Millionen belaufen. Doch zuallererst müssen wir uns begreiflicherweise die Originalurkunde über die Konzession verschaffen, die Ihren Anspruch auf Abfindung begründet. Es ist zu vermuten, daß Ihre Großmutter im Hinblick auf die Art ihrer Beziehung zu Farlance seine Briefe, wie bei Frauen üblich, als kostbaren Besitz verwahrte, auch wenn sie später einen anderen Mann ehelichte – vor allem dann, wenn sich ein Dokument jener Art darunter befand. Etwas Derartiges wirft man normalerweise nicht weg. Und zutreffendenfalls werden Sie ja sicherlich diese Briefe zusammen mit ihrer übrigen persönlichen Habe geerbt haben. Möglicherweise hatten Sie noch nicht die Gelegenheit, sie zu lesen, aber wenn Sie dies nun baldmöglichst nachholen würden –«
Eine der wenigen napoleonischen Eigenschaften Harry Westlers war die bemerkenswert gut entwickelte Fähigkeit zu schnellem und zweckdienlichem Überlegen.
»Gewiß besitze ich diese Briefe«, sagte er, »aber ich habe sie noch nicht durchgesehen. Sie sind zur Zeit bei meinem Anwalt, und dieser ist heute in San Francisco. Morgen früh kommt er zurück, und dann werde ich sie mir sofort aushändigen lassen. Kommen Sie morgen nachmittag wieder zu mir, dann werde ich Ihnen gewiß die betreffenden Auskünfte geben können.«
»Morgen nachmittag, Mr. Westler? Gut. Ich glaube, das läßt sich einrichten. Hm – gut.« Der Anwalt stand auf, nahm seinen Kneifer ab, polierte die Gläser und ließ sie am Ende des Bandes wie Windmühlenflügel kreisen. »Das war in der Tat ein äußerst erfreuliches Zusammentreffen, mein Herr. Und ich darf wohl sagen, daß ich hoffe, es möge morgen nachmittag noch erfreulicher verlaufen?«
»Sagen Sie das meinetwegen, bis wir zur Verhandlung über den Preis kommen«, meinte Harry.

Kaum hatte sich die Tür hinter Mr. Tombs geschlossen, da war Harry schon am Telefon und rief seine Cousine an. Er unterdrückte einen Seufzer der Erleichterung, als er ihre Stimme hörte und ihr so beiläufig wie möglich seine Absicht, sie zu besuchen, kundtat.

»Ich finde, wir sollten uns noch einmal unterhalten – ich war noch ganz außer mir nach dem Schock von Großmamas Tod, als ich dich gestern aufsuchte, und ich fürchte, ich war etwas durcheinander, aber ich werde mich in aller Form entschuldigen, wenn ich bei dir bin«, sagte er mit ungewohnt liebenswürdiger Stimme, die er nur mit größter Anstrengung durchhielt, und noch ehe der Hörer richtig aufgelegt war, griff er nach seinem Hut.

Unterwegs ging er noch zur Bank, und dann saß er in dem Taxi, das ihn in die Berge trug, als seien dessen Sitze mit glühenden Nadeln gespickt. Der genaue Wortlaut jenes Abschnittes aus dem Testament, der sich auf die Briefe bezog, widerhallte mit schlagender Eindringlichkeit in seinem Gedächtnis. »Meine Briefe von Sidney Farlance, da ich weiß, daß sie für sie von höherem Wert sein werden als alles, das ich ihr sonst hinterlassen könnte.« Der Besuch von Mr. Tombs hatte ihm den Sinn dieser Worte unmißverständlich erschlossen. Seine Großmutter hatte gewußt, was die Briefe enthielten; doch wußte es auch Jacqueline? Vor Beklommenheit stand ihm fast das Herz still.

Als er aus dem Taxi sprang und auf das Haus zulief, stieß er heftig mit einem kleinen, höchst absonderlich gekleideten älteren Herrn zusammen, der offenbar genau in diesem Augenblick aus dem Tor trat. Unwillkürlich verhielt Mr. Westler den Schritt, und der ältere Herr prallte mit ungebremster Wucht gegen einen Torpfosten und torkelte von dort her auf ihn zu. Er packte Harry am Ärmel und äugte mitleidheischend zu ihm auf.

»Glhwf hngwglgl«, sagte er flehentlich, »kngnduk glu bwtlhjp mnyihgli?«

»Ach, rutschen Sie mir den Buckel runter«, knurrte Mr. Westler ungeduldig.

Er stieß den kleinen Mann grob zur Seite und ging weiter.

Jacqueline öffnete ihm die Tür, und Mr. Westler stählte sich, um sie mit verwandtschaftlicher Zuneigung auf die Stirn zu küssen.
»Gestern war ich richtig widerlich zu dir, Jackie. Ich weiß nicht, was mit mir los war. Ich war ja schon immer schrecklich egoistisch«, brachte er mit Mühe heraus, »und da sah ich einfach nicht klar, wie Großmama mit dir umgesprungen ist. Sie hat dir doch außer diesen Briefen überhaupt nichts hinterlassen, nicht?«
»Doch, hundert Dollar«, sagte Jacqueline gelassen.
»Hundert Dollar!« sagte Harry empört. »Nachdem du dich von allem losgesagt hattest, um nur noch für sie da zu sein. Und mir hat sie mehr als zwanzigtausend Dollar vererbt und dazu das Haus mit allem, was darin ist. Es ist – ein Skandal! Aber ich muß ja nicht unbedingt alles für mich beanspruchen, oder? Ich habe in letzter Zeit oft darüber nachgedacht –«
Jacqueline zündete sich eine Zigarette an und betrachtete ihn eiskalt.
»Vielen Dank«, sagte sie knapp. »Aber ich hatte dich nicht um ein Almosen gebeten.«
»Das ist kein Almosen«, widersprach Mr. Westler selbstgefällig. »Sondern einfach eine Frage des Anstands. Die Anwälte haben ihre Pflicht getan – mir alles übergeben und die Vollstreckung des Testaments überwacht. Jetzt können wir noch einmal beginnen. Wir könnten alles zusammenlegen und es so teilen, wie es rechtmäßig geteilt werden müßte.«
»Was mich betrifft, so ist das bereits geschehen.«
»Aber ich bin nicht glücklich damit. Ich habe nun all das Geld, und du kennst mich doch. Wahrscheinlich habe ich alles in ein paar Monaten wieder verspielt.«
»Das ist deine Sache.«
»Ach, sei doch nicht so, Jackie. Ich habe mich schließlich entschuldigt, nicht? Und außerdem ist das, was Großmama dir vererbt hat, viel wertvoller als Geld. Ich meine diese Briefe. Ich würde liebend gern fünftausend Dollar aus meinem Erbteil hingeben, wenn ich die bekommen könnte. Sie sind das einzige von der alten Dame, das mir wirklich etwas wert ist.«

»Nun bist du ja mit einem Mal ganz schön sentimental, nicht?« meinte das Mädchen verdutzt.
»Mag schon sein. Du kannst wohl nicht ganz begreifen, daß ein Ekel wie ich überhaupt so etwas empfinden kann, aber Großmama war der einzige Mensch auf der Welt, der jemals etwas von mir gehalten hat und mich trotz allem gern mochte. Wenn ich dir für diese Briefe fünftausend Dollar gebe, dann wäre das kein Almosen – ich würde sogar weniger bezahlen, als sie mir tatsächlich wert sind. Sagen wir's doch so, wenn es dir lieber ist, Jackie: ein Geschäft wie jedes andere. Wenn ich die Briefe hätte«, und Mr. Westler legte so etwas wie ein Schluchzen in seine Stimme, »dann würden sie mich immerzu an die alte Dame und an ihr gutes Herz erinnern. Sie könnten mir wieder auf den rechten Weg verhelfen . . .«
Seine Rührung wirkte so ergreifend, daß selbst Jacquelines ungläubiger Zynismus etwas von seiner Sicherheit einbüßte. Harry Westler spielte hier seine Rolle mit allen ihm zu Gebote stehenden Tricks, und er beherrschte die Klaviatur der Gefühle in einer Weise, wie sie bereits hartgesotteneren Opfern als Jacqueline zum Nachteil gereicht hatte.
»Ich schäme mich zutiefst über mich selbst, und ich möchte alles wieder gutmachen, so gut ich irgend kann. Mach es doch nicht noch schlimmer für mich, als es schon ist. Schau, ich gebe dir zehntausend Dollar für die Briefe, und nicht ein Penny davon wird mich reuen. Und dich wird es auch nicht reuen – wenn mich dann die Briefe in Zukunft vor Entgleisungen bewahren.«
Jacqueline mußte wider Willen lächeln. Sie war von Natur aus nicht nachtragend, und es fiel ihr sehr schwer, einem Ansinnen zu widerstehen, das mit so beredten Worten vorgebracht wurde. Auch war sie dank ihrem gesunden Menschenverstand aufrichtig genug, um sich einzugestehen, daß die Briefe ihrer Großmutter für sie nicht den geringsten Gefühlswert besaßen und daß zehntausend Dollar eine Summe waren, die auszuschlagen sie sich nicht leisten konnte, es sei denn, ihr Stolz untersagte ihr die Annahme. Der mit dem Saint verbrachte Abend hatte sie ihre Proble-

me für den Augenblick vergessen lassen, doch an diesem Morgen war sie in sehr nüchterner Einschätzung der Situation erwacht, die sie in den nächsten achtundvierzig Stunden erwartete.

»Wenn du es so siehst, kann ich wohl nicht nein sagen, oder?« sagte sie, und Harry sprang auf und umklammerte begeistert ihre Hand.

»Dann tust du's wirklich, Jackie? Du weißt gar nicht, wie glücklich ich mich schätze.«

Sie entwand sich ruhig seinem Griff.

»Es macht mir nichts aus«, sagte sie wahrheitsgemäß. »Möchtest du die Briefe gleich mitnehmen?«

»Ja, wenn du sie gerade zur Hand hast. Ich habe etwas Geld bei mir, also können wir die Sache gleich abmachen.«

Sie ging hinauf und holte die Briefe aus der Frisierkommode im Zimmer ihrer Großmutter. Mr. Westler nahm sie an sich und riß mit einem leichten Zittern seiner Finger, das sie einer unerwarteten Gefühlsaufwallung zuschrieb, das verblichene Band ab, womit sie gebündelt waren. Einzeln nahm er die Briefe aus den Umschlägen und las sie hastig durch. Das letzte Blatt des dritten Briefes unterschied sich im Papier von den anderen. Das Papier war braun und verblaßt und im Falz brüchig, und die Tinte war von rostbrauner Tönung, wie sie auf beträchtliches Alter hindeutet, aber er sah vor allem das schwere amtliche Siegel in einer Ecke und schärfte den Blick, um die steife altmodische Handschrift zu entziffern.

Wir, Philip Edmond Wodehouse, Komtur des Hochedlen Bathordens und durch Ihre Majestät zum Gouverneur der Kolonie Britisch-Guayana ernannt, geben kraft der uns durch den Staatsrat Ihrer Majestät erteilten Vollmacht hiermit bekannt, daß wir am heutigen Tag Sidney Farlance, treuem Untertanen Ihrer Majestät der Königin, sowie seinen Erben und Rechtsnachfolgern, die sich durch Vorlage dieser Urkunde auszuweisen vermögen, das Alleinrecht verliehen haben, in dem durch nachstehende Faustskizze bezeichneten Gebiet Mineralvor-

kommen jeglicher Art abzubauen, und zwar für die Dauer von neunhundertundneunundneunzig Jahren, vom Datum dieser Schenkungsurkunde an gerechnet.
Geschrieben und besiegelt am dritten Januar des Jahres achtzehnhundertsechsundfünfzig.

Am unteren Rand des Blattes, unter der Skizze und der Legende, war ein flüchtig hingeschriebener Vermerk in einer anderen Handschrift: »Das ist alles Dein. S.F.«

Harry Westler stopfte die Briefe in seine Tasche und zog seine Brieftasche heraus. Sein Herz raste wie irrsinnig, und das Blut rauschte ihm in den Ohren gleich dem schmetternden Crescendo einer Symphonie. Die Pforten des Paradieses schienen sich aufgetan und ihn mit all seinen Segnungen überschüttet zu haben. Er hätte die ganze Welt umarmen mögen. Wäre der ältere Herr mit seinem seltsamen, näselnden Gegurgel, den er noch vor kurzem so unhöflich abgefertigt hatte, in diesem Augenblick noch einmal mit ihm zusammengeprallt, so hätte ihn Mr. Westler mit hoher Wahrscheinlichkeit nicht aufgefordert, ihm den Buckel hinunterzurutschen. Vermutlich hätte er ihn auf beide Wangen geküßt und ihm ein Fünfcentstück geschenkt.

Zum ersten Mal im Leben zählte Harry Westler zehn Tausenddollarscheine so gutgelaunt auf den Tisch, wie er sie andernfalls vereinnahmt haben würde.

»Hier, Jackie, das ist für dich. Und ich meine es ernst – mir fällt damit ein Stein vom Herzen. Wenn ich sonst noch etwas für dich tun kann, dann sag es nur.«

»Ich finde, du hast mehr getan, als man verlangen kann«, sagte sie großmütig. »Bleib doch noch auf einen Drink.«

Dieses Anerbieten lehnte Mr. Westler entschieden ab. Er war durchaus kein tugendhafter Alkoholgegner, und er hätte jetzt für sein Leben gern einen Drink gehabt, aber den wollte er unbedingt erst an einem Ort zu sich nehmen, wo er sich den rauschenden Ekstasen, die wie Champagner durch seine Adern zischten, endlich ungehemmt hingeben durfte.

Etwa zwei Stunden später, als Simon Templar bei Jacqueline hereinschaute, traf er sie mit noch immer leicht benommener Miene an. Sie umarmte ihn stürmisch und küßte ihn.

»Simon!« stieß sie atemlos hervor. »Sie müssen mir irgendwie Glück bringen. Sie können sich nicht vorstellen, was passiert ist.«

»Das kann ich Ihnen in allen Einzelheiten berichten«, sagte der Saint gelassen. »Vetter Harry war hier, erzählte Ihnen, daß ihm die Liebesbriefe der guten alten Großmama teurer seien als alles Geld der Welt, und zahlte Ihnen einen phantastischen Preis dafür. Zumindest hoffe ich, daß er ordentlich etwas herausgerückt hat.«

Jacqueline schaute ihn entgeistert an. »Zehntausend Dollar hat er mir bezahlt. Aber woher wissen Sie das? Und warum das?«

»Das hat er getan, weil ihn heute früh ein Rechtsanwalt anrief und ihm erklärte, daß Sidney Farlance sich eine irrsinnig wertvolle Schürfkonzession unter den Nagel gerissen hatte, als er in Britisch-Guayana war, und daß darüber vermutlich Näheres in den Briefen zu finden sei, die somit für jemanden, der sie zum Beweis für seinen Anspruch vorlegen könnte, Millionen wert seien.«

Sie starrte ihn an wie vom Donner gerührt.

»Eine Schürfkonzession? Davon ist mir gar nichts bekannt –«

»Das ist auch nicht gut möglich«, sagte der Saint liebenswürdig. »Die war nämlich noch nicht bei den Briefen, bis ich sie hineinschmuggelte – als ich Sie dazu brachte, mir heute vormittag die Briefe zu zeigen. Ich hatte mir die Nacht vollends um die Ohren geschlagen und eine erstklassige Imitation einer Urkunde gebastelt, wie ich mir eine solche Konzession vorstelle, und anscheinend hat sie für Harry ihren Zweck vollauf erfüllt. Natürlich war ich der Anwalt, der ihm das Erforderliche mitteilte, und ich habe ihm wohl den Mund ganz schön wässerig gemacht – das muß man zu seinen Gunsten einräumen. Mir scheint, er war recht aufgeregt – er hat nicht einmal die Umschläge mitgenommen.«

Jacqueline öffnete den Mund, aber was sie fragen wollte, blieb auf ewig unbeantwortet, denn sie wurde von einem unnötig stürmischen Klingeln unterbrochen. Der Saint spitzte die Ohren, und ein zufriedenes, ja seliges Lächeln erschien auf seinem Gesicht.

»Das wird noch einmal Harry sein«, sagte er. »Eigentlich sollte er mich erst morgen wieder treffen, aber er konnte wohl nicht länger warten. Er hat vermutlich versucht, mich unter der Telefonnummer auf meiner Karte zu erreichen, und dabei festgestellt, daß die Anwaltskanzlei, in deren Auftrag ich zu ihm kam, gar nicht existiert. Ich bin recht gespannt darauf, was er dazu sagen wird.«

Doch ausnahmsweise einmal hatte sich Simon geirrt. Statt der entrüsteten Pferdephysiognomie Harry Westlers sah er sich dem rosigen, flehentlich emporgereckten Gesicht des kleinen, unförmigen älteren Herrn gegenüber, mit dem er gestern das Tänzchen um die Torpfosten aufgeführt hatte. Die Miene des kleinen Mannes hellte sich auf, und er hüpfte über die Schwelle und ergriff den Saint freudig bei beiden Rockaufschlägen.

»Mnyng hlfwgl!« krähte er triumphierend. »Ahkgmp glglgl hndiuphwmp!«

Simon wich ein wenig zurück.

»Ja, ich weiß«, sagte er beschwichtigend. »Aber es ist um fünf jeden Freitag nachmittag. Zwei Dollar pro Person.«

»Ogh hmbals!« sagte der kleine Mann.

Er ließ Simons Rock los, schlüpfte unter dessen Armen hindurch und trippelte ins Wohnzimmer.

»Nanu!« sagte der Saint erschöpft.

»Darf ich die Sache erklären, Sir?«

Eine zweite Stimme ertönte von der Tür her, und Simon stellte fest, daß der kleine Mann nicht allein gekommen war. Seinen Platz auf der Schwelle hatte jemand anders eingenommen – ein hageres, traurig dreinblickendes männliches Wesen, das der Saint – durchaus verzeihlich – für den Wärter des Kleinen hielt.

»Warum achten Sie nicht besser auf den Patienten?«

Das traurig blickende Wesen schüttelte den Kopf.

»Das ist Mr. Horatio Ive, Sir – er ist ein sehr wohlhabender Mann, aber er leidet an einer mißliebigen Sprachbehinderung. Nur ganz wenige Menschen sind in der Lage, ihn zu verstehen. Ich begleite ihn ständig als Dolmetscher, aber in den letzten drei Tagen mußte ich mit einer Erkältung das Bett hüten –«

Ein schriller Kriegsruf aus dem anderen Raum unterbrach die Erklärung.

»Gehen wir lieber zu ihm und sehen wir, was er anstellt«, sagte der Saint.

»Mr. Ive ist sehr temperamentvoll, Sir«, fuhr der Dolmetscher mit der Trauermiene fort. »Er wollte unter allen Umständen hier jemanden aufsuchen, und obwohl ich nicht imstande war, ihn zu begleiten, hat er sich mehrmals allein hier eingefunden. Ich muß annehmen, daß es ihm nicht geglückt ist, sich verständlich zu machen. Nun hat er mich buchstäblich aus dem Bett geholt, damit ich diesmal mitkomme.«

»Weshalb ist er denn so aufgeregt?« fragte der Saint, als sie zum Wohnzimmer gingen.

»Er interessiert sich für ein paar Briefe, Sir, die der verstorbenen Mrs. Laine gehörten. Sie hatte sie ihm beiläufig gezeigt, als sie vor einigen Jahren einmal zusammentrafen, und er wollte sie kaufen. Sie wollte sich nicht von den Briefen trennen, aber sobald er von ihrem Ableben erfahren hatte, beschloß er, sich an die Erben zu wenden.«

»Meinen Sie etwa die Liebesbriefe von ihrem Romeo, diesem Sidney Farlance?« fragte Simon düster.

»Ja, Sir. Der Herr, der in Britisch-Guayana tätig war. Mr. Ive ist bereit, ungefähr fünfzigtausend Dollar zu bezahlen . . . Ist irgend etwas, Sir?«

Simon Templar schluckte.

»O nein«, sagte er matt. »Gar nichts.«

Sie traten ins Wohnzimmer und platzten in eine hochdramatische Szene. Langsam zur Wand zurückweichend, das helle Entsetzen in den weit aufgerissenen Augen, starrte Jacqueline Laine sprachlos den kleinen älteren Herrn an, der wie ein wutentbrannter Indianerhäuptling vor ihr umhertanzte und dabei am laufenden Band sein unverständliches Gekrächze von sich gab, durchsetzt mit ausgelassenen spitzen Schreien, die offenbar Ausdruck unbändiger Freude waren. In jeder Hand schwenkte er einen Briefumschlag wie ein Banner.

Als sein Dolmetscher dazukam, drehte er sich um und stürzte auf ihn los, wobei er einen neuen Schwall von Lauten vom Stapel ließ, die an eine tollgewordene Ente erinnerten.
»Mr. Ive sagt soeben, Sir«, übertönte der Dolmetscher mit wohllautender Stimme den Aufruhr, »daß sich auf jedem dieser Umschläge ein makelloses Exemplar der magentaroten Ein-Cent-Marke aus Britisch-Guayana von 1856 befindet, wovon man bislang nur ein einziges Exemplar erhalten glaubte. Mr. Ive ist begeisterter Briefmarkensammler, Sir, und diese Umschläge –«
Simon Templar erhaschte einen verschwommenen Blick auf die kleine, kunstlos gedruckte Briefmarke in der Ecke des Umschlags, mit dem ihm der kleine Mann vor der Nase hin und her wedelte.
»Soll das heißen«, erkundigte er sich vorsichtig, »daß Mr. Ive sich eigentlich nur für die Umschläge interessiert?«
»Ja, Sir.«
»Und nicht für die Briefe selbst?«
»Überhaupt nicht.«
»Und da ist er die ganze Zeit ums Haus herumgehopst und hat versucht, das jemand klarzumachen?«
»Ja, Sir.«
Simon Templar holte tief Atem. Die Welt hob sich aus den Angeln und drehte sich schwindelerregend um seine Ohren, aber sein naturgegebenes Stehvermögen trug den Sieg davon. Er zog ein Taschentuch hervor und tupfte sich die Stirn ab.
»In diesem Fall«, meinte er befriedigt, »bin ich sicher, daß wir uns einigen können. Was meinen Sie, Jacqueline?«
Jacqueline hielt sich an seinem Arm fest und nickte atemlos.
»Hlgagtsk sqeghlemgl«, jubilierte Mr. Ive.